Steven Hendrix

Autoestima e papéis de género feminino em filhas de mães desavindas

AF376127

Steven Hendrix

Autoestima e papéis de género feminino em filhas de mães desavindas

ScienciaScripts

Imprint
Any brand names and product names mentioned in this book are subject to trademark, brand or patent protection and are trademarks or registered trademarks of their respective holders. The use of brand names, product names, common names, trade names, product descriptions etc. even without a particular marking in this work is in no way to be construed to mean that such names may be regarded as unrestricted in respect of trademark and brand protection legislation and could thus be used by anyone.

Cover image: www.ingimage.com

This book is a translation from the original published under ISBN 978-620-2-00320-9.

Publisher:
Sciencia Scripts
is a trademark of
Dodo Books Indian Ocean Ltd. and OmniScriptum S.R.L publishing group

120 High Road, East Finchley, London, N2 9ED, United Kingdom
Str. Armeneasca 28/1, office 1, Chisinau MD-2012, Republic of Moldova, Europe
Printed at: see last page
ISBN: 978-620-7-66920-2

Copyright © Steven Hendrix
Copyright © 2024 Dodo Books Indian Ocean Ltd. and OmniScriptum S.R.L publishing group

Índice:

Capítulo 1   4

Capítulo 2   8

Capítulo 3   15

Capítulo 4   19

Capítulo 5   23

AGRADECIMENTOS

Ao dedicar uma dissertação, é difícil decidir onde e quando colocar as pessoas que significaram tanto no nosso percurso académico. Em primeiro lugar, gostaria de agradecer ao meu maravilhoso comité, ao Dr. Roy Sumpter por ter insistido em que eu utilizasse o princípio KISS, à Dra. Amy Hecht pelo seu constante encorajamento e ao Dr. Robert Haussmann pelos seus conselhos inestimáveis. Além disso, os meus agradecimentos vão para a minha amiga e colega Dra. Judy Gordon, que me acompanhou em todas as fases da realização de um projeto desta magnitude; bem como para o nosso presidente do James Sprunt Community College, Dr. Lawrence Rouse, por me lembrar sempre que não estou sozinho. Em segundo lugar, o meu grande apreço vai para a minha mulher, Debbie, pela revisão editorial e por aguentar um estudante de doutoramento em casa. Gostaria também de agradecer à Dra. Sue Lamb, ao Dr. Bruce Ezell, ao Dr. William Overman e ao Dr. William Gash por acreditarem em mim.

Gostaria também de recordar duas pessoas que não viveram para me ver chegar a este ponto, embora saiba que ambas estavam extremamente orgulhosas do que eu estava a tentar realizar. O meu irmão John McElrath e o meu pai Jim Goss, isto é para vós. Por último, nada disto teria sido possível sem a fé, o amor e o espírito infalíveis da minha mãe Ann McElrath Goss. Todas as capacidades que tenho herdei-as dela. Como digo aos meus alunos, podemos desistir, podemos ceder, mas nunca podemos desistir. Obrigada mãe por essa lição eterna.

RESUMO

Nos últimos trinta anos, muitos dos membros da comunidade psicológica de orientação feminista, como Carol Gilligan, falaram da necessidade de uma nova abordagem para lidar com o aconselhamento das mulheres ou com questões psicológicas. O principal deles é o tema frequentemente problemático das relações mãe/filha. O presente estudo foi concebido para analisar a relação entre a autoestima e o desenvolvimento do papel feminino em filhas de mães demasiado envolvidas. Procurou explicar certos impactos na vida de uma filha pela influência incessante que a maternidade tem no desenvolvimento dos papéis de género e da autoestima das filhas. Cento e trinta filhas, com idades compreendidas entre os dezassete e os setenta anos, foram submetidas a questionários e a instrumentos, tanto em condições de enredamento como de não enredamento. Os resultados indicaram que existem diferenças consideráveis entre as filhas enredadas e as não enredadas. As tendências sugerem que o enredamento pode ocorrer por si só e/ou pode ser o resultado de famílias disfuncionais. Embora pouco tenha sido encontrado quando se comparou diretamente a autoestima com o emaranhamento, quando se compararam os dois grupos (filhas emaranhadas e não emaranhadas), verificaram-se diferenças distintas entre a autoestima e a identificação do papel adulto das filhas. Além disso, foram encontradas fortes correlações entre o nível de emaranhamento materno e os sentimentos de proximidade/cuidado da filha, a perceção da filha do nível de amor da mãe por ela, a opinião subjectiva da filha sobre a proximidade entre ela e a mãe, a satisfação da filha na relação e as capacidades de tomada de decisão da filha na idade adulta.

Capítulo 1
INTRODUÇÃO

Na comunidade psicológica, há cerca de vinte ou trinta anos, investigadores como Chodorow (1978) teorizaram que a autoestima das mulheres pode desenvolver-se devido ao modelo que vêem, que é normalmente a mãe. Muitas terapeutas de orientação feminista, como Carol Gilligan (1993), indicaram a necessidade de mudar o foco das técnicas de aconselhamento feminino, bem como a disciplina psicológica para fazer algumas adaptações, a fim de se concentrar nas diferentes necessidades psicológicas das mulheres. Para além disso, há que reconhecer que este tipo de estudo só tem sido um tema sério durante um período relativamente curto (Walters, 1988). A intimidade entre a mãe e a filha e as consequências daí resultantes foram analisadas de forma crítica pela primeira vez por Friday, Chodorow e Gilligan, que foram os primeiros a dedicar-se a este tema. Walker e Thompson (1983) reconhecem que a investigação mais recente indica que muitos psicólogos, tanto homens como mulheres, estão a tornar-se conscientes da necessidade de lidar com a forma de saber de uma mulher (Baruch & Barnette, 1983; Barnette, Brennan, & Marshall, 1994).

A investigação mais relevante para motivar este estudo foi uma dissertação escrita há dez anos intitulada The Enmeshment Dance: An Adult Manifestation of a Daughter-Mother Relationship, de Miriam Kuropatwa (1996). Kuropatwa (1996, p.9) define o enredamento excessivo afirmando que "estas mães exerceram um controlo emocional excessivo sobre a vida das suas filhas, colocando as suas próprias necessidades adultas à frente das necessidades infantis das suas filhas. Quando este padrão se transporta para a idade adulta e para as relações da filha com outros adultos, é designado por dança do enredamento". A presente investigação baseia-se no trabalho de Kuropatwa, explorando a relação entre a autoestima e o desenvolvimento dos papéis de género em filhas de mães demasiado enredadas.

Declaração do problema

Existe uma necessidade na comunidade psicológica de identificar ligações entre comportamentos problemáticos e os factores que podem estar a induzir esses comportamentos. É frequente ouvir-se dizer que as dinâmicas familiares disfuncionais são a causa da baixa autoestima e da confusão de papéis de género nas mulheres jovens. Da mesma forma, é possível que os pontos focais deste estudo, o enredamento, a autoestima e os papéis impróprios de género, sejam um resultado de dinâmicas familiares disfuncionais ou um predecessor da disfunção. Talvez, com as correlações encontradas neste estudo, se consigam determinar algumas ligações concretas entre os níveis de enredamento e os níveis de autoestima resultantes e a identificação dos papéis de género da filha. Os objectivos básicos deste estudo consistem em analisar as filhas com mães demasiado controladoras (enmeshment) e o nível de autoestima e identificação de papéis daí resultante. Este estudo analisou dois grupos de filhas, um com mães demasiado controladoras e outro com mães não controladoras, e as diferenças entre eles em termos de autoestima e de papéis de género.

Justificação

Hill (1988) descobriu na sua investigação que a autoimagem de uma pessoa podia ser prevista com exatidão através da análise dos comportamentos dos pais (especificamente da mãe). A investigação de Hill com filhas revelou que os pais considerados carinhosos representavam apenas 12% da variação da autoestima, enquanto as mães consideradas carinhosas representavam 70%. Nas primeiras tentativas de explicar as interacções e a dinâmica das relações, o campo psicológico trabalhou sob um viés masculino, negligenciando essencialmente a psicologia das mulheres. Este facto, combinado com um possível sexismo masculino e uma má compreensão da forma como as mulheres comunicam, deu muitas vezes a impressão de que a constituição psicológica das mulheres (ou a sua forma de ver as relações) era problemática (Atkinson & Hackett, 1998). Desde os primórdios da psicologia, com a análise freudiana, o campo considerou as mulheres diferentes e difíceis de estudar. Não se pode atribuir toda a culpa aos teóricos freudianos, pois muitos partilham igualmente as tentativas erróneas de definir as motivações femininas (Atkinson & Hackett, 1998). Landrine, Klonoff e Brown-Collins (1995, p. 56) afirmam a sua convicção de que mudanças fundamentais na metodologia de investigação feminina dariam ao campo uma nova visão no estudo de tópicos femininos.

À luz destas preocupações, muitas psicólogas feministas sugeriram que esta metodologia precisa de ser alterada para uma metodologia mais centrada na pessoa, feminista e construcionista (Lykes & Stewart, 1986; Wittig, 1985). Na metodologia revista, seria necessário ter em conta as experiências subjectivas das mulheres (Wallston, 1981); investigar as intenções e os significados subjectivos dos participantes na investigação (Wittig, 1985); considerar o participante na investigação como "o intérprete primário da sua experiência" (Crawford & Marecek, 1989, p 159); e considerar as observações do investigador como apenas uma das várias construções ou interpretações possíveis do comportamento (Wittig, 1985). Assim, muitos defenderam uma metodologia feminista caracterizada por uma combinação de métodos objectivos tradicionais (quantitativos e controlados) e subjectivos não tradicionais (qualitativos e descritivos) (Crawford & Marecek, 1989; DuBois, 1983; Fine, 1985; Unger, 1981; Wallston, 1981).

Para além disso, acreditam que, com esta mudança de abordagem metodológica, pode surgir uma modalidade de tratamento alternativa. Possivelmente, também pode ajudar as profissões psicológicas a abordar algumas questões de desenvolvimento da autoestima, bem como a forma como os papéis de género são desenvolvidos. A compreensão destes factores pode ajudar a dissipar pensamentos distorcidos relativamente ao impacto que os papéis podem ter no desenvolvimento psíquico das mulheres jovens. Pode influenciar os educadores de saúde na conceção de programas de prevenção mais eficazes e, melhor ainda, de intervenção. Poderão ser detectados melhores estilos de comunicação entre mães e filhas; além disso, uma melhor compreensão da dinâmica envolvida entre a base da autoestima de uma jovem mulher e as suas próprias percepções de género poderá ser um benefício direto deste tipo de investigação.

Na sociedade atual, as mulheres continuam a enfrentar desigualdades sociais, desvantagens económicas, discriminação salarial, estereótipos de género e vitimização. Em situações terapêuticas, interagem frequentemente com terapeutas que têm uma capacidade limitada para lidar com as diferentes formas de as mulheres encararem as situações (Chodorow, 1978). Não é difícil perceber como as mulheres podem ficar frustradas com o processo de aconselhamento quando confrontadas com atitudes dos terapeutas masculinos de serem menos do que iguais em termos de estatuto e carácter (Chodorow, 1978).

Vários estudos revelaram tendências de mulheres que preferem o preconceito menos presumido de outras mulheres quando lidam com problemas de natureza pessoal (Hanna & Hanna, 1998). Isto aplica-se a qualquer população estigmatizada; no entanto, as mulheres parecem especialmente desconfortáveis com terapeutas do sexo masculino quando lidam com problemas extremamente pessoais (Gilligan, 1993). As pressões sociais podem ser responsáveis por esta tendência de preferência, devido a mudanças na cultura que indicam que as mulheres são mais carinhosas e, por isso, são o tipo de conselheiro preferido (Gilligan). Em muitos casos, as mulheres só recentemente participaram no processo de aconselhamento, pelo que os clientes não tinham muitas opções.

Quando uma cliente do sexo feminino apresenta problemas de relacionamento com a mãe, a filha ou mesmo a avó, qualquer profissional de apoio deve ter uma base de conhecimentos suficiente para lidar com as implicações da dinâmica familiar feminina. Quando se pega nesta base e se introduz uma relação problemática, torna-se, como afirma Bowers (2004, p.1), "extremamente frustrante, uma vez que a díade filha-mãe é a mais conflituosa em termos de comunicação, mas é reconhecida por filhas e mães como baseada nos mais elevados níveis de intimidade". Além disso, Buysse (1999, p.1) descobriu que "o entrosamento mãe-filha demonstrou a relação mais forte com a consciência feminista da filha, assim como o feminismo está relacionado com quatro aspectos do entrosamento mãe-filha". Estes quatro aspectos são: "mistificação projectiva, ansiedade de separação, possessividade/ciúme e inter-reatividade emocional". (Buysse, p.1) Por fim, a raiva na díade Filha-Mãe não foi tão bem documentada quanto necessário; como afirma Ben-Levi (2005, p.8) na sua dissertação intitulada Sugar and Spice: Anger in the Mother Daughter Relationship (Raiva na relação mãe-filha), ela afirma que "as mães querem proteger as suas filhas, preparando-as para o papel de mulheres adultas, mas também lhes ensinam a auto-flagelação". Enfatizam o perigo de exprimir a raiva e de magoar o outro e, como resultado, negligenciam o desenvolvimento do "eu autoprotector" nas suas filhas".

Objetivo

O principal objetivo deste estudo e a questão de investigação mais importante era identificar se existe uma relação entre a autoestima e os papéis de género nas mulheres que consideram a sua relação mãe/filha problemática/enredada/dominativa, por oposição às mulheres que classificam a sua relação como isenta de problemas/apropriada em termos de distância/democrática. Para efeitos deste estudo, as filhas são especificadas como tendo atingido uma idade de pelo menos dezoito anos e estando a trabalhar ou a frequentar o ensino superior e tendo, pelo menos, uma vida parcialmente independente.

Limitações do estudo: Quando se efectuam estudos deste tipo, é necessário indicar à partida algumas limitações potenciais. Os participantes podem nem sempre responder às perguntas com sinceridade. Há formas de tentar controlar este facto através da utilização de escalas escritas para verificar a honestidade ou a consistência das respostas dos participantes. A maioria dos participantes neste estudo era residente no sudeste da Carolina do Norte, o que necessariamente limitará a generalização dos resultados. Existem limitações adicionais devido à utilização de questionários de auto-relato, bem como às expectativas do investigador no processo de entrevista.

Expectativas de investigação:

Para este estudo, existem duas questões básicas de investigação:

1. A autoestima será mais baixa nas filhas que consideram que as suas mães são demasiado envolvidas ou dominadoras?

2. Será que as filhas de mães com um relacionamento enredado adoptarão papéis de género femininos inadequados?

Capítulo 2
REVISÃO DA LITERATURA

Em primeiro lugar, a comunidade psicológica, desde os tempos de Freud e até aos dias de hoje, não tem investigado muito as questões femininas, especialmente as da dinâmica mãe-filha. Ao iniciar a minha revisão da literatura, reparei que na área específica deste estudo relacionada com as mães enredadas, a investigação séria só começou quando Chodorow (1973) e os seus contemporâneos, como Gilligan (1978), iniciaram estudos no período de 1973 a 1978. Assim, os primeiros materiais não são tão abundantes como a literatura contemporânea. Os primeiros estudos começaram a analisar os efeitos dos pais, e depois começaram a ramificar-se em investigações específicas sobre o pai ou a mãe. Por exemplo, Walker e Thompson (1983) procuraram uma ligação entre a intimidade e a ajuda intergeracional e a quantidade de contacto que permanecia após a conclusão da ajuda. Walters, (1988) determinou que, em muitos casos, existe um tipo de ligação definido como "uma teia". Esta ligação é sempre e para sempre uma ligação que seria difícil de quebrar, mesmo nas piores relações entre mãe e filha. Neisser, no livro Mothers and Daughters (Mães e Filhas), de 1973, é um dos primeiros a mencionar a dinâmica familiar específica de mães e filhas, explicando que o que acontece entre a primeira infância e a adolescência afecta, a longo prazo, toda a relação para o resto da vida das mães e das filhas. Friday, no livro seminal My Mother/Myself (1977), tomou uma posição e foi a primeira investigadora a fazer uma declaração sobre o facto de as jovens mulheres um dia se olharem ao espelho e descobrirem que, em muitos aspectos, viam a sua própria mãe a olhar para ela. Do mesmo modo, Eichenbaum e Orbach (1988) foram das primeiras a afirmar que, de facto, havia dinâmicas entre mulheres, especialmente entre díades mãe/filha, que tanto podiam ser desastrosas como ajudar. Isto pode envolver questões relacionadas com a estrutura de poder da família, tal como foi referido por Kranichfeld (1987, p. 42), que afirmou: "Embora a investigação sobre o poder na família esteja em curso há quase três décadas, o conceito de poder tem-se revelado muito difícil de trabalhar." Este facto foi corroborado por vários outros

estudos que concluíram coletivamente que a comunidade psicológica tinha literalmente "perdido o barco" devido a um enfoque no poder entre homens e mulheres e não nos tipos de relações mãe-filha ou pai-filha (McDonald, 1980; Olson & Rabunsky, 1972; Safilios-Rothschild, 1970, 1976; Turk & Bell, 1972). Parece que os resultados obtidos por estes investigadores conduziriam o campo na direção da análise das teorias da vinculação e numa direção mais desenvolvimentista, desde o nascimento até às relações mais antigas entre mãe e filha. Em conclusão, Goldberg (1991) (bem como vários outros investigadores) revela como, nas últimas décadas, a vinculação é uma área que tem atraído mais atenção (Harvey, Curry, & Bray, 1991; Hazen & Shaver, 1994a; Hazen & Shaver, 1994b; Kerr & Bowen, 1988; Thompson & Walker, 1984). Fischer (1991) começou a tornar-se uma das autoras mais importantes sobre o assunto quando os seus artigos baseados na sua investigação no início dos anos noventa começaram a ser publicados com regularidade. O seu argumento era que a ligação mãe-filha se formava, ou não, numa fase inicial e depois definia os casamentos e as relações anos mais tarde, quer na vida da mãe quer na da filha. Kahn (1980), no início dos anos

oitenta, foi um dos primeiros a descobrir que as filhas começavam a olhar para o emprego da mãe como um indicador precoce da sua própria medida de sucesso. Ao longo dos anos, muitos indivíduos estudaram os fundamentos da influência da vida das mães no desenvolvimento das filhas (Bielby, 1978; Kagan, 1964; Klecka & Hiller, 1977; Lipman-Blumen, 1972; Schonbar, 1967; Smith
& Self, 1980; Stewart & Winter, 1974; Travis & Seipp, 1976; & Vanfossen, 1977). Ellis (1994), no seu estudo de um grande número de estudantes universitários e dos seus pais, descobriu, utilizando as correlações do BEM Sex Role Inventory, que quanto mais andrógina uma filha se sentia, mais provável era que a sua mãe trabalhasse e passasse pouco tempo em casa. Na altura, o trabalho de Ellis foi corroborado por vários outros estudos que confirmaram que quanto mais as mães trabalhavam, maior era a correlação entre trabalho e androginia (Hansson, Chernovetz & Jones, 1977; & Hyde & Phillis, 1979).

Mais tarde, na década de oitenta, iniciou-se uma investigação que conduziria ao tipo de estudo a que me proponho acrescentar; Scharlach (1987) descobriu que a tensão de papéis se desenvolvia mais tarde na vida com filhas mais velhas que tinham tido relações problemáticas com as suas mães nas fases iniciais das suas vidas. Esta tensão de papéis desenvolveu-se quando a filha não tinha um controlo firme sobre o que o seu papel de mulher devia ou não devia implicar. Fischer (1981) acrescentou a dinâmica de que há transições que ocorrem em todas as relações mãe-filha que, se não forem negociadas com sucesso, contribuem para a falta de autoestima da filha e para a falta de conhecimento do seu papel. Fingerman (1997, p. 131) acrescentou informação contemporânea a este tópico, estudando as relações entre mães idosas e as suas filhas para quantificar o que acontece quando a díade cresce e produz filhos. "Há uma progressão desde o período em que os bebés são completamente dependentes dos pais, passando pelos anos de adolescência em que se rebelam contra os pais, até aos anos de idade adulta em que os filhos podem estabelecer as suas próprias famílias." Ao rever outra literatura, descobri que havia muitas provas de apoio de muitos investigadores que viam este mesmo perfil ao longo de muitas décadas de investigação (Amato, 1991; Bengtson, 1970; Carstensen, 1995; Fingerman, 1995, 1996; Steinman, 1979; Whitbeck, Simons, & Conger, 1991; Whitbeck, Hoyt, & Huck, 1994; & Wodak & Schulz, 1986). Por último, existem também estudos na literatura sobre as teorias da vinculação, como o de Smith, Hill e Mullis (1998), que afirmam que variáveis como a autonomia, a intimidade, o conflito e a autoestima estão correlacionadas com a qualidade da relação percebida pelas filhas. Os múltiplos estudos do mesmo período (Ainsworth, Blehar, Waters, & Wall, 1978; Cohler, 1988; Cohler & Grunebaum, 1981; Flax, 1978; Kraus, 1990; Lerner, 1985; Nagy & Spark, 1973; & Secunda, 1990, & Chodorow, 1974) confirmaram estes resultados.

A acrescentar ao mistério da relação mãe-filha está a afirmação de Baruch e Barnette (1983) sobre o pouco que o campo sabe sobre o período em que a filha é uma mulher adulta e a mãe não está frágil ou dependente da filha. Barnette e Kibria (1991) acrescentaram a este conjunto de conhecimentos estudos que indicavam um número crescente de filhas com um pai adulto durante um grande número de anos. Outros autores encontraram a mesma tendência que indica que este é um desenvolvimento bastante recente (Aldous, Klaus, & Klein, 1985; Belle, 1982; Brody, 1981, 1985; Lang

& Brody, 1983; Shanas, 1979a, 1979b, 1980; Stueve & O'Donnell, 1989). Boyd (1989, p.291) apoia este facto no seu artigo Mothers and Daughters: A Discussion de Teoria e Investigação. "A relação entre mãe e filha tem recebido cada vez mais atenção na última década. No entanto, a literatura relativa à díade mãe-filha normal nunca foi formalmente resumida." Este facto aumenta a necessidade de alargar este tipo de estudo para incluir filhas de todas as idades na mistura de participantes. A psicologia ao longo da vida também parecia ter escassez no tópico filha-mãe até que investigadores como Troll (1987) começaram a postular sobre os diferentes estilos que as mulheres desenvolveram ao longo da vida quando lidavam com este tópico. Além disso, os estudos de outros investigadores sobre este tema reflectiam que as filhas estavam a ficar exasperadas ao tentarem conciliar todos os papéis de mãe, filha, esposa e, em muitos casos, de cuidadora (Brody, & Lang, 1982; Glenn & McLanahan, 1982; & Weishaus, 1978).

O'Connor (1990) iniciou uma nova linha de investigação quando colocou a questão: será que a relação mãe-filha é sempre uma relação próxima e universal? As suas conclusões revelaram uma preocupação quase patológica com a relação próxima entre o que na altura se chamava uma mãe dominadora e a sua filha submissa. Em apoio a O'Connor, outros estudos contemporâneos, paralelos aos seus, estabeleceram uma tendência invulgar. Apesar de não verem a sua relação como particularmente próxima, as crianças sentiam a obrigação de cuidar das suas mães (Bowlby, 1977, 1979; Lewis & Meredith, 1988; & Reich, 1982). Moulton (1985), um médico, viu uma ligação entre a relação percebida, tal como definida pela mãe, e o nível de sucesso sustentado pela filha; outra posição de apoio na estrutura para continuar o processo em grupos etários mais alargados. Este fenómeno começou no início dos anos quarenta, quando alguns investigadores seleccionados começaram a decidir que poderia haver um efeito cultural sobre as mulheres. Talvez isso se devesse aos efeitos da Segunda Guerra Mundial e às mulheres que começaram a trabalhar no lugar dos homens (Rosie, a rebitadora). De facto, a literatura apoia este tipo de olhar sobre a vida das mulheres (Allen, D.W., 1979; Friedman, G., 1980; Schecter, 1979; & Thompson, 1942).

No final dos anos oitenta e no início dos anos noventa, os investigadores debruçaram-se sobre os efeitos que os casais com dupla remuneração tinham neste tipo de relação. Barnett, Brennan, e Marshall (1994) resumiu este tipo de investigação como estando correlacionado com as variáveis do stress do papel dos pais e do stress do papel das filhas. Estes investigadores concluíram que quanto mais elevado era o stress do papel dos trabalhadores com dois salários, maior era o stress do papel das filhas. A corroborar este ponto de vista, foram encontrados vários estudos interessantes na literatura que mostram uma correlação distinta entre stress, papéis e identificação do género (Barnett, 1993; Cleary & Mechanic, 1983; Gore & Mangione, 1983; Simon, 1992; & Wethington & Kessler, 1989). Além disso, Welsh e Stewart (1995) contribuíram para o acervo de conhecimentos ao encontrarem apoio para as conclusões anteriores, definindo relações, num estudo longitudinal, entre o bem-estar das filhas na meia-idade e o nível de semelhança dos pais, tanto no trabalho como no estilo de vida. Sholomskas e Axelrod (1986) apoiaram esta constatação numa investigação que mostrava a influência passada da mãe sobre o eu de hoje e a sua noção dos papéis de género. Além disso, Bohannon, Blanton e White (1999, p.174), na sua investigação, encontraram mais ligações entre os papéis de género nas díades mãe-filha, analisando a semelhança entre as atitudes das mães e as das filhas seguintes. "A investigação sobre a transmissão intergeracional de atitudes indicou que as atitudes dos pais em geral, e as atitudes das mães em particular, são preditores significativos das atitudes das suas filhas." Este facto é corroborado por muitos outros estudos contemporâneos (Acock & Bengston, 1978; Arditti, Godwin, & Scanzoni, 1991; Brogan & Kutner, 1976; Dalton, 1980; McDonald, 1980; Rollins & White, 1982; & Turner, 1962).

Finalmente, no final dos anos noventa, as ligações efectivas e o enredamento medido começaram a ficar bem definidos. Smith, Hill e Mullis (1998) começaram por utilizar as mesmas técnicas que proponho no meu estudo, nomeadamente, a ligação (enmeshment), a autonomia, a intimidade, o conflito, a autoestima e a qualidade da relação. Os resultados destes investigadores indicam que um enredamento demasiado estreito está correlacionado com comportamentos problemáticos nas filhas.

Definição de enamoramento: Historicamente falando, ser mãe ou tornar-se mãe é um processo biológico, simplesmente o resultado de ser mulher. Juntamente com esta implicação, as sociedades assumem que a consequente criação de laços naturalmente ocorre entre a mãe e a criança. Van Mens-Verhulst (1995), numa investigação, sugeriu que, por extensão, os pais estão muitas vezes destinados a cumprir um papel de minimização desta ligação e a empurrar a criança para a autonomia enquanto adulto. Isto parece ser uma construção social através da qual o pai tentaria naturalmente compensar o potencial de apego das mães (que ocorre naturalmente); e tentaria usar o seu próprio modelo para incutir na criança a necessidade de sair do ninho e ir para o mundo.

Social, histórica e psicologicamente, este é um conceito com muitas ramificações. Em primeiro lugar, socialmente, os homens têm aparecido tradicionalmente como modelos de trabalho e como aqueles que encorajam as crianças a ir à escola e a arranjar um bom emprego. Historicamente, só nos últimos trinta a quarenta anos é que as mulheres saíram de casa e assumiram papéis de trabalho, pelo que só recentemente é que as mulheres começaram a tornar-se modelos para os seus filhos verem no trabalho (Gilligan, 1993). Este processo pode ser perigoso quando a mãe não apresenta as características ideais de amor incondicional, apego e sensibilidade esperados. As mulheres que se encontram neste tipo de situações podem parecer menos bem sucedidas quando avaliadas por comparação (Van Mens-Verhulst, 1995). As mulheres que não são bem sucedidas numa relação afectuosa aceitam muitas vezes a culpa pelos males que daí resultam para as suas próprias vidas e para as futuras relações das suas filhas. O papel de mãe é um papel que dura toda a vida e o stress resultante do auto-sacrifício e a necessidade de suprimir a raiva em relação aos filhos pode resultar na formação de muitos traços indesejáveis. Estas incluem a exigência de perfeição, ser uma cuidadora compulsiva, desenvolver traços de evitamento e, acima de tudo, tornar-se resistente à mudança.

Nas filhas, os conflitos observados são, na sua maioria, reacções indirectas sob a forma de esforço para ser a menina perfeita, obediente, arrumada, estudiosa e cumpridora (Allan & Hawkins, 1999). Isto pode frequentemente conduzir ao processo conhecido como gatekeeping. Neste mesmo estudo, Allan e Hawkins referem que, no contexto histórico, o "gatekeeping" começou a tornar-se uma realidade no final do século XVIII e início do século XIX, quando o papel da mulher deixou de ser exclusivamente o de mãe e governanta e passou a ser simultaneamente o de mãe e de assalariada. No processo de "gatekeeping", a outra mulher não suprime a sua

O Gatekeeping não tem um lado egoísta, mas, pelo contrário, diverte-se com ele, recusando-se a abandonar a responsabilidade pelos assuntos familiares, tornando-se demasiado rígida nos seus padrões e tendo uma perceção muito diferente dos papéis familiares (Allen & Hawkins, 1999). O gatekeeping inibe a aprendizagem e o crescimento de que os homens e as mulheres necessitam nas suas relações para criarem crianças normais que devem ter uma introdução correcta na sociedade quando atingirem a idade adulta.

A cultura ocidental não valoriza muito o papel dos homens nos casamentos no que diz respeito aos filhos e à vida doméstica. Isto cria a situação perfeita em que a mãe pode sentir que o pai é incompetente, mas não pode, em boa consciência, abdicar do seu papel nas tarefas domésticas quotidianas. Isto coloca o marido no papel de ajudante, com a mulher a microgerir todos os pormenores da vida familiar, a fim de manter o controlo. Assim, a mulher é responsável pelo seu domínio, criticando, refazendo as tarefas que ele fez mal, mandando, reclamando e obrigando-o a conformar-se com o seu padrão de trabalho familiar. Nesta situação, a responsabilidade mútua e a cooperação no desenvolvimento da unidade familiar são abandonadas. Não se pode ignorar o efeito que o trabalho social teve no processo das relações mãe/filha, pois esta disciplina investigou o ciclo de vida, as relações de objeto e até mergulhou na psicologia freudiana do ego, num esforço para explicar o desenvolvimento das mulheres (Goldberg, 1995).

A teoria do respeito mútuo parece explicar em grande parte as frustrações expressas pelas filhas quando questionadas sobre as relações que mantêm com as suas mães. Goldberg encontrou um número surpreendente de 21% de mulheres jovens (entre os 18 e os 30 anos) que referiram comentários como "a mãe não é acessível", "não me ouve nem compreende", "está sempre a criticar-me", "não confio nela" ou "trata-me como uma criança e eu ressinto-me disso". Isto é uma acusação ao carácter fechado da comunicação em algumas relações mãe/filha. Apenas 4% das relações foram descritas por Goldberg como excessivamente envolvidas, mas há muito a ler nesta pequena fração, devido às famílias emaranhadas e aos problemas que daí resultam para as filhas.

Neste grupo, as filhas referiram frases como "superprotectora - não posso confiar nela", "demasiada proximidade emocional" e "por vezes quer estar demasiado envolvida na minha vida", todas elas aludindo ao facto de as mães que não são diferenciadas na sua própria personalidade tentarem viver através das suas filhas. No mesmo artigo, Goldberg (1995) relacionou a importância das mães no desenvolvimento da autoestima das suas filhas. Quando a mãe exige perfeição, há um subsequente nível mais baixo de autoestima na sua filha. Os comentários contam a história, "os conflitos com a minha mãe fizeram-me sentir mal comigo mesma", ou "ela era muito crítica... abuso verbal", Chodorow (1978) sente que isto se enquadra na sua teoria de que a autoestima nas mulheres pode desenvolver-se devido ao modelo que vêem, que é a sua mãe. Se a mãe tem uma baixa autoestima devido ao menor valor que a sociedade atribui às mulheres, ela, por sua vez, transmite essa atitude às suas filhas. As implicações aqui indicam que falta conhecimento nas mulheres para relacionar a importância de uma boa relação mãe-filha ao longo de toda a vida. As mulheres podem ser perfeccionistas e envolver-se demasiado com as filhas por muitas razões, tais como terem elas próprias uma fraca autoestima, serem mães solteiras sem ajuda do cônjuge, ou viverem com culpa porque trabalham e dedicam menos tempo às relações.

Definir a autoestima: Para começar, é preciso definir a autoestima pelo que ela é e pelo que ela não é. A autoestima não é uma emoção transitória que nos é dada por outra pessoa através de drogas, elogios, amor ou intimidade. Não é uma invenção ilusória da nossa imaginação colectiva. Branden (1997, p.2) disse-o da melhor forma: "se não estiver fundamentada na realidade, se não for construída ao longo do tempo através da operação apropriada da mente, não é autoestima". Desde os primórdios da psicologia com Freud, Skinner ou Piaget, com especial ênfase em Erik Erikson, a própria raiz da nossa necessidade de autoestima é o processo de confiança versus desconfiança, especialmente em nós próprios. Tal como temos a liberdade máxima de fazer uma escolha, confiar é algo em que tomamos uma decisão consciente de nos envolvermos; de facto, ligamos ou desligamos o interrutor para níveis de consciência mais elevados ou mais baixos. Assim, a confiança não é automática, nem a autoestima.

Definição de papel de género: Ao definir os papéis de género no domínio das ciências sociais, como a psicologia, deve considerá-lo como um conjunto de comportamentos normalmente associados a ser homem ou mulher dentro dos limites de qualquer conjunto de normas culturais com que se esteja a trabalhar. Neste estudo, partindo das normas ocidentais, o género é uma componente do sistema sexo/género, que se refere ao "conjunto de disposições através das quais uma sociedade transforma a sexualidade biológica em produtos da atividade humana, e em que estas necessidades transformadas são satisfeitas" (Reiter 1975, p.34). O termo "papel de género" é predominantemente utilizado pelos académicos da sociedade ocidental, mas não tanto noutras áreas do mundo. Parsons (1955) desenvolveu um modelo de família nuclear em que comparava uma visão tradicional dos papéis de género com outras consideradas, na altura, mais liberais.

Para Parson, o papel feminino era um papel "expressivo", ao contrário do papel masculino, que era "instrumental". A seguinte passagem dos seus escritos do seu livro The Social System (1951, p. 54) ilustra este processo.

Para ele, as actividades expressivas da mulher desempenham funções "internas", por exemplo, para reforçar os laços entre os membros da família. O homem, por outro lado, desempenhava as funções "externas" da família, como o apoio monetário. O modelo de Parsons foi utilizado para contrastar e ilustrar posições extremas sobre os papéis dos géneros. O modelo A descreve a separação total dos papéis masculinos e femininos, enquanto o modelo B descreve a dissolução completa das barreiras entre os papéis de género.

A raiva nas relações entre mãe e filha: Outra área que carece de respostas inequívocas ou de muita documentação é a questão da raiva nas relações entre mãe e filha. A seguinte passagem de Ben-Levi (2004, p. 5) ilustra a causa e o efeito desta parte da dinâmica mãe-filha.

Com base no pressuposto geral das teorias psicanalíticas, é seguro assumir que as mães se baseiam nas suas experiências com as suas próprias mães quando educam as suas filhas. A relação que têm com as suas mães tem um impacto significativo nas suas relações posteriores, especialmente com as suas filhas. A maioria das mães do presente estudo relatou experiências negativas de raiva nas suas relações com as suas próprias mães. Estas mães indicaram nos seus relatos que, enquanto mães, esta experiência as levou a enfatizar a importância de ajudar as suas filhas a aprenderem a exprimir-se. Essas mães também enfatizaram a importância de conversar e discutir a raiva com suas filhas. No entanto, a maioria das mães também descreveu padrões de expressões ineficazes de raiva nas suas interacções com as filhas. Os esforços destas mães para se desvincularem do modelo em que cresceram e as suas intenções positivas não as levaram necessariamente a encontrar formas eficazes de exprimir e vivenciar a raiva na sua relação com as filhas. Muitas destas mães foram capazes de reconhecer este resultado falhado, apesar das suas intenções positivas, mas parece que se sentiram perdidas quanto às formas de resolver este problema. Poucas mães neste estudo apresentaram uma gestão eficaz da raiva na sua relação com a filha e, entre elas, ainda menos tiveram uma experiência positiva ao lidar com a raiva na sua relação com a sua própria mãe. Na maioria dos casos, as mães que apresentaram um estilo eficaz de gestão da raiva também relataram uma experiência negativa com as suas próprias mães em relação à raiva. Esta experiência negativa levou-as a sublinhar a importância de lidar com a raiva, de a expressar e de ensinar as suas filhas sobre ela."

Flax (1978, p. 171) acrescentou muito à discussão sobre a raiva com afirmações como as seguintes. "Porque pensamos através das nossas mães, se formos mulheres, a pior fantasia da minha mãe é que ela vai acabar como a mãe dela. A minha pior fantasia é que vou acabar como a minha mãe, e sei que assim que tenho essa fantasia já estou encurralada."

No entanto, ao estudar a literatura disponível, parece haver muitos casos sem uma causa clara para a relação dominadora e enredada entre mãe e filha. Por conseguinte, considero importante iniciar um estudo para determinar se existe uma relação entre a autoestima das mulheres, a perceção dos papéis femininos e o grau de enredamento.

Capítulo 3
MÉTODO

Reafirmação do problema: O objetivo deste estudo era recolher uma amostra de uma população geral de mulheres jovens (pelo menos parcialmente independentes) para determinar se existe uma correlação entre as relações mãe/filha definidas como
problemático/enredado/domínio, e nível de autoestima e de identificação do papel de género. Um segundo grupo de mulheres que identificou a sua relação mãe/filha como saudável foi utilizado para comparação.

Este estudo compara os resultados do Bem Sex-Role Inventory (BSRI) (Bem, 1974) com os da Escala de Auto-Estima de Rosenberg (Rosenberg, 1989), juntamente com questionários de auto-relato (Mãe e Filha, Rastogi, 2002). Para além disso, foi também utilizado o CIFA (California Inventory for Family Assessment) que avalia a dinâmica familiar. Estas incluem (especialmente para este estudo) o entrosamento e a coesão como características familiares dignas de consideração.

Este estudo utilizou o Bem Sex-Role Inventory para determinar os papéis de género dos participantes. Seguiram-se entrevistas com os participantes, utilizando um formulário de entrevista estruturado para uniformizar o processo (ver Anexo B). As perguntas eram do tipo que encorajava os participantes a revelar informações pormenorizadas sobre os níveis de enredamento e os correspondentes sentimentos em relação à autoestima e à sua identificação pessoal dos papéis de género. As perguntas incluíam: "Onde aprendeste o teu papel feminino?" e "Quem achas que te ensinou os papéis femininos adequados?"

O recrutamento dos participantes foi efectuado através da distribuição de panfletos em todos os quadros de avisos (ver Apêndice I para o panfleto) no James Sprunt Community College em Kenansville, NC, bem como no Sampson Community College localizado em Clinton, NC e na Universidade da Carolina do Norte em Wilmington para reunir um conjunto de participantes. Os folhetos informavam que estava a ser realizado um estudo para determinar
relações entre as mães e as suas filhas. A demografia destas escolas era ideal, na medida em que os corpos discentes continham uma maioria de mulheres com idades compreendidas entre os dezoito e os setenta anos. Além disso, a mistura étnica destas escolas aproxima-se da população desta zona em geral. Obtivemos a autorização destas escolas para publicitar os participantes voluntários.

Foi utilizada uma amostra de conveniência para este estudo. Para efeitos deste estudo, as filhas foram especificadas como tendo atingido uma idade de pelo menos dezoito anos e estando a trabalhar ou a frequentar o ensino superior e tendo, pelo menos, uma vida parcialmente independente. Os participantes foram totalmente informados após os questionários e as entrevistas. O objetivo do estudo foi explicado e quaisquer questões ou preocupações foram abordadas.

O número alvo de participantes foi determinado através da realização de uma análise de poder para identificar a dimensão óptima da amostra. O critério de significância (alfa) foi fixado em 0,05. A análise estatística efectuada consistiu em correlações de produtos de Pearson de cauda simples e de cauda dupla, bem como em testes t emparelhados e no teste não paramétrico de Kresal-Wallis para analisar as diferenças na comparação dos grupos (emaranhados e não emaranhados). Com o tamanho da amostra de 130 para o grupo, o estudo tem um poder de 80,5%. O pressuposto é que este tamanho do efeito é razoável.

Um segundo objetivo deste estudo foi o de comparar os resultados do grupo de mulheres que se enquadraram no enredamento com um grupo de mulheres que não referiram um enredamento inadequado. Com base nestes mesmos parâmetros e pressupostos, o estudo permite reportar a diferença de proporções com uma precisão (nível de confiança de 95,0%) de aproximadamente mais/menos 0,11 pontos.

Declaração de hipóteses: A primeira hipótese de trabalho deste estudo é a seguinte. As filhas que têm um elevado grau de envolvimento com as suas mães terão níveis mais baixos de autoestima. A segunda hipótese de trabalho estudada é. As filhas que têm um elevado grau de envolvimento com as suas mães adoptam papéis sexuais atípicos.

Assim, a hipótese nula é a de que não há diferença entre o grupo emaranhado e o grupo não emaranhado na autoestima ou nos papéis de género.

Descrição do projeto de investigação: Para obter as respostas ao questionário mãe-filha, foi utilizado um questionário fechado que utiliza o formato de escala de Likert. As perguntas deste item detalhavam as especificidades dos sentimentos da filha em relação à mãe, e várias perguntas foram utilizadas como perguntas de análise para determinar correlações (ver Apêndice B). Uma limitação de um estudo deste tipo é o facto de os participantes poderem nem sempre responder às perguntas com sinceridade. Outra potencial fraqueza é o facto de não se poder inferir que qualquer relação foi definitiva na condução a determinados comportamentos.

Segue-se a ordem exacta da apresentação dos instrumentos. O primeiro instrumento administrado foi a Escala de Auto-Estima de Rosenberg (RSE). A Rosenberg foi avaliada em populações semelhantes às que foram aqui utilizadas e a escala tem geralmente uma elevada fiabilidade; as correlações teste-reteste situam-se normalmente entre 0,82 e 0,88, e o alfa de Cronbach para várias amostras situa-se entre 0,77 e 0,88 (Rosenberg, 1989). Quando administrada corretamente, a Escala de Auto-Estima de Rosenberg (EAR) parece ser interna e externamente válida. Em termos psicométricos, quando administrada em estudos como este, a Rosenberg produz diferenças estatisticamente significativas entre grupos de autoestima normal e baixa. Através de análises de regressão múltipla correlacionais e de validação cruzada, verificou-se que as pontuações totais do RSE e as pontuações dos seus dois factores estavam fortemente relacionadas com a Autoestima Global. As mulheres apresentaram pontuações de RSE significativamente mais baixas (Rosenberg, 1989). Por conseguinte, existem pontos fortes na utilização deste instrumento. Os potenciais pontos fracos incluem os erros normais de auto-relato e o facto de o participante não responder com sinceridade ou optar por parecer falsamente bom ou mau, dependendo do raciocínio percebido do participante.

O segundo instrumento apresentado foi o Bem Sex-role Inventory (BSRI) (Bem, 1974; Sugihara & Katsurada, 2005). Este instrumento mede os traços de personalidade masculinos e femininos. Os seus itens de teste são compostos por sessenta itens (20 femininos,

20 masculinos e 20 não relacionados com o género) que indicam a identificação do papel sexual. Os participantes no estudo classificaram os itens numa escala de sete pontos, dependendo do grau de veracidade da pergunta para eles. O BEM foi testado numa população semelhante à do presente estudo. As propriedades psicométricas do BSRI nas escalas masculina e feminina são de .82 e .94 entre as mulheres e .89 e .76 entre os homens, com base no teste original desenvolvido por Sandra Bem. Parece ter uma validade interna e de construção elevada quando utilizado na cultura americana atual (Bem, 1974).

O instrumento seguinte apresentado foi o California Inventory for Family Assessment (CIFA), que permite aceder aos parâmetros que a maioria dos teóricos da família considera necessários nos estudos sobre a família. Trata-se especificamente do nível de enredamento. Teoricamente, ao analisar o modelo com base no qual o CIFA foi formulado, o domínio primário será o da coesão-envolvimento do funcionamento familiar. O que implica que não se trata de uma dimensão única (com a desvinculação num pólo e o entrosamento no outro), mas sim de três dimensões independentes. A estatística exigiu que o SPSS executasse a seguinte fórmula depois de converter as pontuações CIFA em pontuações Z: Intrusividade = (Z Ansiedade de Separação + Z Possessividade/Curiosidade + Z Inter-reatividade Emocional) / três (http://ourworld.compuserve.com/homepages/pdwerner/cifa1 .htm, 2006). De acordo com Werner e Davis (2006), os criadores deste instrumento, o seu desenvolvimento teve como objetivo avaliar a proximidade, a prestação de cuidados e a abertura da comunicação familiar. Avalia o comportamento de relações diádicas, tais como esposas-maridos, irmãos-irmãs e mães-filhas, em vez da família em geral. Trata-se de uma edição de investigação com 182 itens, classificados em 13 escalas, cada uma das quais com 14 itens. Utiliza um formato de resposta de quatro pontos (muito falso, falso, verdadeiro e muito verdadeiro). Cada escala é pontuada de modo a que as pontuações variem entre zero e 14. Nesta versão, os inquiridos descrevem o comportamento de outro membro da família em relação a eles. Este instrumento foi testado em muitos grupos familiares e populações étnicas diferentes, o que o torna ideal para este estudo específico. Os valores de validade e fiabilidade variam entre 0,73 e 0,94 numa média de populações em que este instrumento foi utilizado (Werner e Davis, 2006).

O último instrumento apresentado foi um breve questionário aberto (Mãe e Filha, Rastogi, 2002), (que utiliza a escala de tipo Likert) utilizado para recolher informações sobre dados demográficos, incluindo idade, peso, altura, nível de educação, ocupação e número de anos de profissão, bem como para recolher informações sobre irmãos, dinâmica mãe/pai e qualquer favoritismo familiar. Este instrumento foi testado em grupos de filhas/mães com idades compreendidas entre os 18 e os 80 anos e apresenta uma boa fiabilidade e validade, tanto interna como externa, segundo Rastogi (2002). A parte final do processo de entrevista foi uma oportunidade para o participante discutir qualquer área específica da sua própria relação com o pormenor que desejasse para fornecer informações adicionais de apoio (ver Anexo J). A ordem dos formulários utilizados neste estudo não foi contrabalançada.

Processamento de dados: A estatística descritiva resume as respostas e a estatística inferencial testa a hipótese do estudo. Neste estudo, a informação recolhida foi dividida em dimensões qualitativas e quantitativas para utilizar os pontos fortes e o poder estatístico, bem como para fornecer uma visão do processo utilizando os dados qualitativos. A análise dos dados foi essencialmente correlacional. Foram analisadas quatro áreas, utilizando tanto os grupos com e sem enredamento 1. Se existe uma diferença na autoestima da filha. 2. Se havia uma diferença na identificação de papéis na filha. Para além disso, analisámos apenas o grupo em que a filha estava enredada: 3. Existe uma relação entre o enredamento e a autoestima das filhas? 4. Existe uma relação entre o enredamento e os papéis. Utilizando estatísticas de correlação, é possível determinar se existe uma relação entre dois ou mais conjuntos de resultados. Neste estudo, foram estudados quatro diferenciais básicos. Em primeiro lugar, existem diferenças entre o grupo emaranhado e o grupo não emaranhado no que respeita à autoestima? Em segundo lugar, existem diferenças entre o grupo emaranhado e o grupo não emaranhado no que respeita à identificação do papel sexual? Em terceiro lugar, quais as correlações encontradas entre os papéis sexuais e a autoestima. Por último, as correlações encontradas entre o emaranhamento e a autoestima.

As informações obtidas nas entrevistas estruturadas investigaram a fenomenologia da dinâmica mãe-filha (Button, Loan, Davies & Sonuga-Barke, 996).

Capítulo 4
RESULTADOS

Este capítulo começará com uma descrição da amostra de trabalho, seguida das principais diferenças de correlação das duas variáveis mais importantes relacionadas com as hipóteses deste estudo. Segue-se uma listagem dos emparelhamentos secundários das variáveis adicionais para acrescentar provas substantivas que apoiam os princípios desta investigação. Todas as correlações estão na Tabela 1. Os emparelhamentos individuais estão nas Figuras 116 (médias das variáveis-chave, desvios-padrão e correlações cruzadas).

Descrição da amostra

Cento e trinta participantes foram incluídos neste estudo, sendo a maioria caucasianos (67,7%), com uma percentagem aproximada de etnias que coincide com a população local, com afro-americanos (27,7%), latinos (2,3%), asiático-americanos (1,5%) e outros (8%). A idade dos participantes variava entre os 17 e os 70 anos, com uma média de 28,4 anos. O nível de escolaridade dos participantes variou entre 11 e 23 anos de ensino secundário e superior, com uma média de 14 anos.

Distribuição das variáveis-chave

Foram realizadas análises básicas utilizando correlações pontuais de Pearson, bem como testes t emparelhados e o teste não paramétrico de Kresal-Wallis para fornecer informações sobre as hipóteses, emparelhando as variáveis individual e coletivamente. A análise primária efectuada determinou se ocorreram correlações estatisticamente significativas, especificamente se o enredamento pouco saudável conduz a uma baixa autoestima e a uma identificação atípica de papéis. Nos testes t emparelhados, bem como no teste de Kresal-Wallis, foram encontradas poucas diferenças entre os grupos emaranhados e não emaranhados, sendo que nenhuma delas foi significativa ao nível de 0,05 (ver Tabela 1 e 2). Pouco foi encontrado quando se comparou diretamente a Auto-Estima medida com a Escala de Auto-Estima de Rosenberg com o Enredamento, derivado da CIFA.

No entanto, quando se comparam os dois grupos (com e sem ligação), verificam-se diferenças distintas na autoestima e na identificação de papéis. Especificamente, no grupo com elevado envolvimento (n= 68), verificou-se uma correlação de 0,449 para os papéis atípicos de género e de 0,764 para o nível de autoestima. No entanto, nenhum destes valores foi estatisticamente significativo. No grupo sem envolvimento (n=62), a correlação foi menor para os papéis atípicos de género, com r = .334 p>.05 e não significativa, mas a correlação para a autoestima foi maior, com r = .748 p>.05. Mais uma vez, nenhum destes valores foi estatisticamente significativo. Seguem-se as outras variáveis das subescalas emparelhadas de indicadores de autoestima e de papéis de género e as correlações resultantes.

Tomada de decisões: Os níveis de capacidade de tomada de decisão das filhas, determinados pela pergunta 20 do Questionário de Entrevista Mãe-Filha, estão correlacionados com uma maior satisfação da relação global mãe-filha, determinada pela pergunta 25 do Questionário Mãe-Filha r = .623, p< .01. A tomada de decisões está correlacionada com a proximidade subjetiva da filha com a mãe, determinada pela pergunta 23 do Questionário Mãe-Filha, sendo que níveis mais elevados de proximidade contribuem para a tomada de decisões r = .677, p<.01. A tomada de decisões está correlacionada com o amor, determinado pela pergunta 15 do Questionário Mãe-Filha, com níveis mais elevados de amor materno a facilitar a tomada de decisões, r = .559, p<.01. Por último, a tomada de decisões está correlacionada com a proximidade/prestação de cuidados, determinada pelo CIFA, sendo que níveis mais elevados de proximidade e de prestação de cuidados facilitam a tomada de decisões futuras, r = .617, p< .01. Por alguma razão, o BEM não se correlacionou com a tomada de decisões.

Satisfação: A satisfação (tal como declarada pela filha) na relação mãe-filha está altamente correlacionada com a Tomada de Decisões, r =.623, p< .01, muito altamente com a Proximidade Subjectiva, r =.793, p.01. Altamente correlacionada com o Amor r =.621, p<.01, e altamente correlacionada com a Proximidade Cuidados-Cuidados r =.614, p< .01. Apresentou uma correlação negativa com o enredamento, embora a relação fosse fraca. Também não se correlacionou com o BEM.

Proximidade subjectiva: A proximidade da relação mãe-filha (relatada pela filha no questionário da entrevista) está altamente correlacionada com a Tomada de Decisões, r =. 677, p <.01, altamente com o amor, r = .627, p <.01, altamente com a Proximidade-Cuidados, r = .682, p <.01, negativamente fraca com o Enredamento, r = - .165, p <.01. Estes resultados sugerem que quanto mais elevada for a pontuação do enredamento, menor será a proximidade subjectiva. Também apresentou uma correlação fraca com a escala de autoestima de Rosenberg, indicando que pontuações mais elevadas na escala de Rosenberg indicavam uma tendência para uma maior subjetividade na Proximidade, r = 0,236, p < 0,01. Esta variável também não teve correlação com o BEM.

Amor: Foi encontrada uma correlação elevada nos sentimentos subjectivos de amor materno das filhas na sua Tomada de Decisão, r = .559, p <.01, elevada na Satisfação r = .621, p <.01, elevada com a Clareza Subjectiva r = .627, p <.01, alta em ClosenessCare-giving r =.615, p <.01, uma correlação negativa com enmeshment indica que pontuações mais altas de enmeshment mostram uma tendência para menos amor relatado, r = -.168, p <.05. Registou-se uma correlação elevada com a autoestima, r = 0,274, p < 0,01. Mais uma vez, não houve uma correlação significativa com o BEM. O que tudo isto parece indicar é que quanto melhor for a relação, tal como é percepcionada pela filha, mais positiva é a autoestima das filhas.

Proximidade-Cuidados: Esta variável estava altamente correlacionada com a Tomada de Decisões, r=.617, p < .01, alta com a Satisfação, r = .614, p <.01, alta com a Proximidade Subjectiva, r = .682, p <.01, alta com o Amor, r =.615, p <.01. Também foi moderadamente correlacionado negativamente com o Enmeshment, r = -.333, p <.01 com a correlação negativa indicando pontuações mais altas na Escala de Auto-Estima de Rosenberg indicando níveis mais altos de Enmeshment resultaram em pontuações mais baixas de Amor Materno relatado. Mais uma vez, não houve correlação significativa entre esta medida e o BEM.

Entrosamento: Esta variável foi fracamente correlacionada negativamente com a tomada de decisões, r = -.252, p <.01. O que significa que níveis mais elevados de Entrosamento reduziram as capacidades posteriores de Tomada de Decisão. Esta variável está também fracamente correlacionada de forma negativa com a Satisfação, r = -.286, p <.01, o que significa que níveis mais elevados de Entrosamento apontam para uma menor capacidade de decisão na Tomada de Decisões. Esta variável está fracamente correlacionada com a Frieza Subjectiva de forma negativa, (n = 68) r = -.037, p > .05. Indicando uma tendência para uma maior

Os níveis de entrosamento diminuíram as pontuações subjectivas de Proximidade-Cuidado nos participantes r = -.333, p <.01. Finalmente, esta variável foi fracamente correlacionada com a Auto-Estima de forma negativa, indicando que altos níveis de Entrosamento diminuíram a Auto-Estima, (n = 62) r = .142, p > .05. Mais uma vez, não foram encontradas correlações significativas entre esta variável e o BEM.

Estes resultados permitiram a rejeição das hipóteses nulas. A análise estatística indicou fortes correlações entre pares simples e múltiplos das variáveis do estudo. Em primeiro lugar, as mães emaranhadas têm filhas com uma autoestima mais baixa, e que níveis elevados de emaranhamento têm um efeito negativo na perceção dos papéis de género das filhas. Quanto mais feminino, menor a autoestima e o sucesso noutras variáveis, e quanto mais masculino, melhor as outras variáveis. Nas cento e trinta entrevistas pessoais efectuadas, duas delas ilustram bem o papel que o enredamento desempenha nas atitudes e opiniões das filhas. Os dois exemplos de estudos de caso que se seguem amplificam os resultados estatísticos e permitem ao leitor relacionar os números quantitativos com os participantes reais estudados. O primeiro é o de uma relação com um nível de enredamento extremamente elevado. O segundo é de uma relação com níveis adequados de enredamento.

Caso 1: Enredamento não saudável

A Sra. A é uma mulher de quarenta anos que é uma enfermeira de sucesso a trabalhar nas urgências de um hospital local. Apesar de ser bem sucedida no seu cargo, sente-se ressentida com a sua carreira por ser enfermeira, devido à pressão da mãe para frequentar a escola de enfermagem na sua cidade natal e para permanecer em casa depois de concluir os estudos. Ressente-se por não lhe ser "permitido sair de casa para frequentar a escola da sua escolha". Só saiu de casa aos vinte e quatro anos e só o fez porque o namorado insistiu literalmente para que ela procurasse um apartamento e saísse de casa sozinha. Isto aconteceu depois de ter sido internada num hospital psiquiátrico local, quando tentou suicidar-se com uma injeção de insulina. De acordo com as suas próprias palavras, ela cresceu com medo, confusa, cheia de dúvidas e com ódio de si própria. Sentia que nunca seria suficientemente boa, inteligente ou bonita e achava que nunca ninguém a poderia amar ou querer estar com ela. Achava que não era capaz de se safar sozinha e que estava condenada ao fracasso. Sentia-se sufocada na sua feminilidade, incapaz de crescer e aprender por si própria, não lhe sendo permitido conduzir, gerir o seu próprio dinheiro ou ter amigos. Isto indica uma relação abusiva que se estendia para além do enredamento, não se sabendo se o abuso era resultado do enredamento ou se a atmosfera familiar disfuncional produzia o elevado nível de enredamento. O seu diário foi aberto e lido e ela foi menosprezada por ter curiosidades e sentimentos normais de uma adolescente. "Sentia que nunca me poderia ver como mulher, esposa, mãe", porque estava convencida de que não tinha conhecimento do que constituía um papel feminino normal. Durante o seu crescimento, sentiu-se "menos importante" na sua família e acumulou uma raiva extrema que ainda carrega em grande medida. Ainda sofre de depressão clínica, ódio a si própria, dores físicas e baixa autoestima. "Quando era adolescente, odiava ser mulher, odiava ter menstruações dolorosas, tinha pavor do parto e nunca quis ser mãe." "Nunca quis ser como a minha mãe, ter filhos e fazer-lhes o que a minha mãe sádica e louca [Um ambiente obviamente disfuncional. A questão é: "O enredamento resultou da disfunção ou foi a disfunção que levou ao enredamento?"] fez-me." "Ela era abusiva, mentia, enganava-me sobre coisas que nenhuma menina deveria ter de experimentar." A Sra. A sentiu que a sua mãe destruiu as esperanças, os sonhos e as promessas de uma jovem mulher que tinha muito potencial e muito para dar.

Este foi um tema comum entre muitos que descreveram as suas relações como enredadas e problemáticas.

Caso B: Níveis adequados de enredamento

A Sra. B é uma professora de quarenta e cinco anos e sente que a sua mãe pode ter tido uma vantagem sobre algumas mães devido ao facto de ter trinta e cinco anos quando ela nasceu. A sua mãe sempre foi uma pessoa solidária, calorosa e carinhosa, dizendo-lhe para celebrar a sua feminilidade e para se destacar em tudo o que faz. A sua mãe certificou-se de que ela era exposta a uma etiqueta adequada e a uma variedade de experiências culturais desde tenra idade. Tanto a mãe como o pai (que ela descreve como tendo um efeito quase igual no seu desenvolvimento) ensinaram-na e às suas irmãs a serem gentis e graciosas. Descreve a sua relação como extremamente próxima e pode dizer qualquer coisa à mãe sem qualquer censura. A sua mãe tem agora oitenta anos e a sua relação não mudou. "Pouco depois de me casar, aos vinte e dois anos, apercebi-me da sabedoria da minha mãe, pois estava a descobrir que tudo o que ela me disse enquanto crescia se estava a tornar realidade." "Nalguns aspectos, somos mais amigas, mas continua a haver uma linha divisória de respeito e admiração por ela como minha mãe.

Capítulo 5
DISCUSSÃO

A relação mãe-filha é complexa, frustrante e pode conter praticamente qualquer variável que se possa imaginar possível numa relação com outra pessoa. No entanto, o facto de se tratar de uma pessoa (a mãe) que é suposto as filhas amarem, honrarem e respeitarem torna esta análise muito mais difícil. ' As relações com a descendência são centrais, nas relações dos adultos mais velhos" (Carstensen, 1995; Ryff, Lee, Essex, & Schmutte. 1994; Suitor, Pillemer, Keeton, & Robinson, 1995, p. 122) e envolve continuidade ou descontinuidade em relação ao passado das filhas. Por outras palavras, o desenvolvimento futuro da autoestima e dos papéis de género adequados da filha é afetado pelas relações da primeira infância com a mãe. Tal como os primeiros investigadores nesta área descobriram, a relação mãe-filha é complexa e não é facilmente quantificável (Chodorow, 1978, Friday, 1977). Uma caraterística interessante apareceu tanto nos dados quantitativos como na parte qualitativa do processo de entrevista com estas jovens mulheres; uma ligação muito distinta com o passado que se prolongou até à idade adulta e continuou nas suas relações adultas de filha e mãe.

Neste capítulo final, a discussão será, em primeiro lugar, sobre os resultados das hipóteses um: as filhas de mães enredadas sofrem de baixa autoestima e dois: as filhas de mães enredadas têm dificuldade em compreender o seu próprio papel de género. Parece que não conhecem os papéis "normais" do género feminino devido a uma modelagem inadequada com as suas mães demasiado enredadas. Também parece que não estão dispostas a adotar uma autoestima positiva, acreditando que não são suficientemente boas, inteligentes, etc. Verificou-se uma relação distinta entre níveis elevados de emaranhamento e pontuações concomitantemente baixas na Escala de Auto-Estima de Rosenberg. Esta seria uma conclusão lógica quando se observam as mulheres e as suas mães em situações da vida real.

Isto é consistente com o que o autor observou e é por isso que este tópico foi escolhido. O desejo era estudar estes fenómenos utilizando instrumentos e abordagens de investigação mais científicos. Esta investigação parece corroborar esta observação.

Esta investigação tem as suas limitações. A amostra foi uma amostra de conveniência recrutada nas faculdades locais da área em torno de Kenansville e da Carolina do Norte Oriental. Os inquiridos podem ter dito ao investigador o que pensavam que ele queria ouvir; ou podem não ter levado as perguntas a sério, ou podem ter respondido incorretamente por não terem lido as perguntas com atenção. No entanto, os participantes foram considerados honestos e desejosos de fazer o melhor trabalho possível. Além disso, as correlações demonstram relações entre variáveis, mas nunca estabelecem uma relação causal. Um estudo longitudinal poderia muito bem fornecer mais informações sobre aspectos como a dinâmica familiar e os seus efeitos na autoestima. As famílias disfuncionais dão geralmente origem a crianças disfuncionais.

O investigador vê uma tendência potencial muito positiva nos resultados deste estudo. A observação de que as relações familiares positivas conduzem a uma boa autoestima e que as pessoas com uma autoestima positiva são geralmente mais bem sucedidas na vida foi apoiada. O que seria interessante para um estudo mais aprofundado são as questões específicas como a tomada de decisões, a intrusividade, o amor materno e o carinho. Estas subescalas poderiam ser muito mais esclarecedoras num estudo futuro. Este tipo de estudos pode muito bem desvendar áreas anteriormente não vistas na dinâmica mãe-filha.

Com o grande número de famílias disfuncionais, famílias de mães solteiras e as tendências de divórcio neste país, mais informação sobre como o papel da mulher é formado poderia muito bem levar a abordagens de tratamento mais funcionais para doenças como a depressão (muito prevalente nas mulheres), anorexia nervosa e numerosas melhorias na abordagem de aconselhamento adoptada em relação às mulheres jovens.

REFERÊNCIAS

Acock, A.C., & Bengston, V.L. (1978). On the relative influence of mothers and fathers: A covariance analysis of political and religious socialization. Marriage and the Family, 40 519-530.

Ainsworth, M.D.S., Blehar, M.D., Waters, E., & Wall, S. (1978). Patterns of Attachment (Padrões de Vinculação). Hillsdale, NJ: Erlbaum.

Allen, D.W. (1979). Stress oculto no sucesso. Psychiatry, 42, 171-176.

Allen, S.M., & Hawkins, A.J. (1999). Maternal gatekeeping: Mothers' beliefs and behaviors that inhibit greater father involvement in family work. Journal of Marriage & the Family 61, (1), 199-213.

Amato, P.R. (1991). Psychological distress and the recall of family characteristics (Sofrimento psicológico e a recordação de características familiares). Journal of Marriage and the Family, 53 1011-1019.

Arditti, J.A., Godwin, D.B., & Scanzoni, J. (1991). Perceptions of parenting behavior and young women's gender role traits and preferences. Sex Roles, 25 195-211.

Atkinson, D.R., & Hackett, G. (1998). Counseling Diverse Populations (Aconselhamento de Populações Diversas). Boston, MA: McGraw Hill.

Barnette, R.C. (1993). Multiple roles, gender, and psychological distress. Em Goldberger, L. & Breznitz, S. (Eds.). Handbook of Stress: Theoretical and Clinical Aspects (2ª ed., pp. 427-445). New York: Free Press.

Barnett, R. & Kibria, N. (1991). Adult daughter-parent relationships and their associations with daughters' subjective well-being (Relações entre pais e filhas adultas e suas associações com o bem-estar subjetivo das filhas). Journal of Marriage and the Family, 53 (1), 29-48.

Barnett, R. C., Brennan, R.T., & Marshall, N. L. (1994). O género e a relação entre a qualidade do papel dos pais e o sofrimento psicológico. Journal of Family Issues, 15 (2), 229-252

Baruch, G., & Barnett, R.C. (1983, agosto). Adult daughters' relationships with their mothers. Journal of Marriage and the Family, 601-606.

Belle, D. (1982). Social ties and social support. Em Belle, D. (ed.) Lives in Stress: Women and Depression. Beverly Hills, CA: Sage

Bengtson, V.L. (1970). The "generation gap": A review and topology of socialpsychological perspectives. Youth and Society, 2 7-31.

Bem S.L. (1974). The measure of psychological androgyny (A medida da androginia psicológica). Journal of Consulting and Clinical Psychology, 42 -2, 155-162.

Ben-Levi, H. (2001). Açúcar e especiarias: Anger in the mother-daughter relationship. Dissertação de doutoramento não publicada, Universidade de Tel-Aviv: Tel-Aviv

Bielby, D.D.V. (1978). Maternal employment and socioeconomic status as factors in da daughter's career salience: Some substantive refinements. Sex Roles, 4, (2), 249-265.

Bowers, C. (2004). Relações comunicativas entre mãe e filha durante a adolescência e o início da idade adulta. Tese de mestrado não publicada.

Universidade do Norte da Colúmbia Britânica.

Bowlby, J. (1977). The making and breaking of affectional bonds. British Journal of Psychiatry, 130 210-226.

Bowlby, J. (1979). The making and breaking of affectional bonds. London: Tavistock.

Boyd, C.J. (1989, maio). Mothers and daughters: A discussion of theory and research. Journal of Marriage and the Family, 291-301.

Branden, N. (1997). What self-esteem is and is not. A Arte de Viver Conscientemente Nova Iorque. Simon & Schuster

Brody, E.M. (1981). Women in the middle and family help to older people. Gerontologist, 21 471-480.

Brody, E.M., & Lang, A. (1982, novembro). They can't do it all: Aging daughters with aging mothers. Generations, 18-20.

Brody, E. 1985). Parent care as normative family stress. Gerontologist, 25 1929.

Brogan, D, & Kutner, N.G. (1976). Measuring sex role orientation: A normative approach. Journal of Marriage and the Family, 2 31-39.

Button, E.J., Loan, P., Davies, J., Sonuga-Barke, E. J. (1997). Autoestima, problemas alimentares e bem-estar psicológico numa coorte de raparigas com idades entre os 15 e os 16 anos: A questionnaire and interview study. International Journal of Eating Disorders, 21 (1), 39-47.

Buysse, T.M. (1999). The mother-daughter relationship and the development of daughter's feminist consciousness (A relação mãe-filha e o desenvolvimento da consciência feminista da filha). Dissertação de doutoramento não publicada, Wright Institute Graduate School of Psychology, Berkeley, Califórnia:

Carstensen, L.L. (1995). Evidence for a lifespan theory of socioeconomic selectivity (Provas de uma teoria da seletividade socioeconómica ao longo da vida). Current Directions in Psychological Science, 4 151-155.

Chodorow, N. (1974). Estrutura familiar e personalidade feminina. Em Rosaldo, M.Z. Lamphere, L. (Eds.). Women, Culture, and Society. (p.40). Stanford, CA: Stanford University Press.

Chodorow, N. (1978). A reprodução da maternidade: Psychoanalysis and the sociology of gender. Berkeley: University of California Press.

Cleary, P.D., & Mechanic, D. (1983). Sex differences in psychological distress among married people (Diferenças de sexo no sofrimento psicológico entre pessoas casadas). Journal of Health and Social Behavior, 24 11-121.

Cohler, B.J. (1988). Discussão: A relação filha-mãe adulta: Perspectivas do estudo do curso de vida e da família e da psicanálise. Journal of Geriatric Psychiatry, 21, (1), 51-72.

Cohler, B.J. & Grunebaum, H. (1981). Mothers, grandmothers, and daughters: Personality and childcare in three generation families. New York: Wiley.

Dalton, R.J. (1976). Reavaliação da socialização parental: Indicator unreliability versus generational transfer. American Political Science Review, 74 421-431.

Eichenbaum, L & Orbach, S. (1988). Between women. New York: Viking

Ellis, J.B. (1994). Children's sex-role development: Implications for working mothers. Social Behavior and Personality, 22 (2), 131-136.

Fingerman, K.L. (1995). Aging mothers' and their adult daughters' perceptions of conflict behaviors. Psychology and Aging, 10 639-650.

Fingerman, K.L. (1996). Sources of tension in the aging mother and daughter relationship. Psychology and Aging, 11 134-142.

Fingerman, K. (1997). Classificações retrospectivas de conflitos nas relações passadas de mães e filhas adultas idosas. Current Psychology, 16, (2), 131-153.

Fischer, L.C. (1981, agosto). Transitions in the mother-daughter relationship (Transições na relação mãe-filha). Journal of Marriage and the Family, 613-622.

Fischer, L.R. (1991). Between mothers and daughters. Marriage and Family Review, 16 237-248.

Flax, J. (1978). The conflict between nurturance and autonomy in motherdaughter relationships and within feminism. Estudos Feministas, 2 171-189.

Sexta-feira, N. (1977). My mother/myself. Nova Iorque: Delacorte.

Friedman, G. (1980). The mother-daughter bond. Contemporary Psychoanalysis, 16 90-98.

Gilligan, C. (1993) - In a different voice: psychological theory and women's development. Cambridge, Massachusetts: Harvard University Press.

Glenn, N.D. & McLanahan, S. (1982). Children and marital happiness: A further specification of the relationship. Journal of Marriage and the Family, 44 63-72.

Goldberg, J.E. (1995). The role of mutuality in mother-daughter relationships (O papel da mutualidade nas relações mãe-filha). Journal of Women & Social Work 10, (1), 36-49

Goldberg, S. (1991). Recent developments in attachment theory and research (Desenvolvimentos recentes na teoria e investigação da vinculação). Canadian Journal of Psychiatry, 36 393-400.

Gore, S., & Mangione, T.W. (1983). Social roles and psychological distress: Additive and interactive models of sex differences. Journal of Health and Social Behavior, 24 300-312.

Hanna, C.A., & Hanna, F.J. (1998). Satisfazer as necessidades das mulheres em
aconselhamento: Implications of a review of the literature. Journal of Humanistic Counseling, Education & Development 36, (3), 160-171.

Hansson, R., Chernovetz, M., & Jones, W. (1977). Maternal employment and and androgyny. Psychology of Women Quarterly, 2 76-78.

Harvey, D.M., Curry, C.J., & Bray, J.H. (1991). Individuação/intimidade nas relações intergeracionais e na saúde: Patterns across two generations. Journal of Family Psychology, 5 204-236.

Hazen,   C., & Shaver, P.R. (1994a). A vinculação como um fator organizacional
quadro para a investigação sobre relações íntimas. Psychological Inquiry, 5 1-22.

Hazen, C., &Shaver   ,   P.R. (1994b). Deeper into attachment theory. Psychological Inquiry, 5 68-79.

Hill, D. (1989). The relationship between teenage females' self-image and their perceptions of certain parental behaviors. Dissertação de doutoramento não publicada, University of Southern California, Los Angeles

Hyde, J., & Phillis, D. (1979). Androgyny across the lifespan. Developmental Psychology, 15 334-336.

Kagan, J. (1964). Acquisition and significance of sex typing and sex role identity (Aquisição e significado da tipologia sexual e identidade de papéis sexuais). Review of Child Development Research. Em Hoffman, M.L. & Hoffman, L.W. (Eds.). New York: Russell Sage Foundation.

Kahn, D. G. (1980). Daughters comment on the lessons of their mothers' lives. Tese não publicada, Radcliffe College, Cambridge, MA

Kerr, M.E., & Bowen, M. (1988). Family evaluation. New York: Norton.

Klecka, C.O., & Hiller, D.V. (1977). Impact of mothers' life styles on adolescent gender-role socialization (Impacto dos estilos de vida das mães na socialização dos papéis de género dos adolescentes). Sex Roles, 3, (3), 241-255.

Kranichfeld, M.L. (1987). Rethinking family power. Journal of Family Issues, 8 (1) 42-56.

Kraus, S.J. (1990). Sobre as filhas adultas e as suas mães: A peripatetic consideration of developmental tasks. Journal of Feminist Family Therapy, 2, (1), 27-42.

Kuropatwa, M. (1996). A dança do enredamento: Uma manifestação adulta de uma relação filha-mãe. Dissertação de doutoramento não publicada, Universidade de Manitoba: Winnipeg.

Landrine, H., Klonoff, E.A., & Brown-Collins, A. (1995) Diversidade cultural e metodologia na psicologia feminista: Crítica, proposta e exemplo empírico. Em H. Ladrine (Ed.) Bringing Cultural Diversity to Feminist Psychology: Theory, Research, and Practice (pp. 55-75). Washington, DC: American Psychological Association.

Lang, A. & Brody, E. (1983). Characteristics of middle-aged daughters and help to their elderly mothers. Journal of Marriage and the Family, 45 193-202.

Lerner, H.G. (1985). The dance of anger (A dança da raiva). Nova Iorque: Harper & Row.

Lewis, J. & Meredith, B. (1988). Filhas que cuidam: Daughters caring for mothers at home. London: Routledge.

Lipman-Blumen, J. (1972). Como a ideologia molda a vida das mulheres. Scientific American, 226, (1), 34-53.

McDonald, G.W. (1980). Family power: The assessment of a decade of theory and research, 1970-1979 [Poder familiar: Avaliação de uma década de teoria e investigação, 1970-1979]. Journal of Marriage and the Family, 42 841-854.

McDonald, G.W. (1980). O poder parental e a identificação parental dos adolescentes: A reexamination. Journal of Marriage and the Family, 42 289-296.

Minuchin, S. (1978). "Famílias Psicossomáticas: Anorexia Nervosa em Contexto. Cambridge MA: Harvard University Press

Moulton, R. (1985). O efeito da mãe sobre o sucesso da filha. Contemporary Psychoanalysis, 21 (2), 266-283.

Nagy, I., & Spark, G.M. (1973). Invisible loyalties. Nova Iorque: Harper & Row.

Neisser, E. (1973). Mothers and daughters (Mães e filhas). Nova Iorque: Harper and Row.

O' Connor, P.O. (1990). The adult mother/daughter relationship: Uma relação única e universalmente próxima? The Sociological Review, 38 (2), 293-323.

Olson, D.H., & Rabunsky, C. (1972). Validity of four measures of family power (Validade de quatro medidas de poder familiar). Journal of Marriage and the Family, 34 224-233.

Parsons, T. (1951). The Social System. Londres: Free Press.

Rastogi, M. (2002). O Questionário Mãe-Filha Adulta (MAD): Desenvolvimento de um instrumento culturalmente sensível. The Family Journal: Counseling and Therapy for Couples and Families, 10 (2), 145-155.

Reich, A. (1982). Raiva e ternura: A experiência da maternidade. Em Whitelegg. E. et al. (Eds.) The Changing Experience of Women. Oxford: B. Blackwell.

Reiter, R (1975) Toward an anthropology of women. (Ed.) Nova Iorque: Monthly Review Press.

Rollins, J. & White, P.N. (1982). The relationship between mothers' and daughters' sex-role attitudes and self-concepts in three types of family environment. Sex Roles, 8 1141-1155.

Rosenberg, Morris. 1989. Society and the Adolescent Self-Image [A Sociedade e a Auto-Imagem do Adolescente]. Edição revista. Middletown, CT: Wesleyan University Press.

Ryff, C.D., Lee, Y.H., Essex, M. J., & Schmutte, P.S. (1994). Os meus filhos e eu: Midlife evaluations of grown children and of self. Psychology & Aging, 9 195-205.

Safilios-Rothschild, C. (1970). O estudo da estrutura do poder familiar: A review 1960-1969. Journal of Marriage and the Family, 31 539-551.

Safilios-Rothschild, C. (1976). A macro and micro-examination of family power and love: Um modelo de troca. Journal of Marriage and the Family, 38 355-362.

Scharlach, A.E. (1987). Role strain in mother-daughter relationships in later life. Journal of the Gerontological Society of America, 27 (5), 627-631.

Schecter, D.E. (1979). Medo do sucesso nas mulheres: Uma reconstrução psicodinâmica. Journal of The American Academy of Psychoanalysis, 7 3345.

Schonbar, R. (1967). A identificação e a procura da identidade. Psicanálise Contemporânea, 3 (2), 75-95.

Sciacca, K. (1981). Separação de adolescentes. Questões de tratamento em Psicologia do Desenvolvimento, MIDAA, [Versão eletrónica] Recuperado em 9 de março de 2006.

Secunda, V. (1990). When you and your mother can't be friends (Quando tu e a tua mãe não podem ser amigos). New York: Delacorte Press.

Shanas, E. (1979a). A família como sistema de apoio social. Gerontologist, 19 169-174.

Shanas, E. (1979b). O mito social como hipótese: O caso das relações familiares dos idosos. Gerontologist, 19 3-9.

Shanas, E. (1980). As pessoas idosas e as suas famílias: The new pioneers. Journal of Marriage and the Family, 42 9-15.

Sholomskas, D. & Axelrod, R. (1986). The influence of mother-daughter relationships on women's sense of self and current role choices. Psychology of Women Quarterly, 10 171-182.

Simon, R. (1992). Parental role strains, salience of parental identity and gender differences in psychological distress. Journal of Health and Social Behavior, 33 25-35.

Smith, M.D. & Self, G.D. (1980). The congruence between mothers' and daughters' sex-role attitudes: A research note. Journal of Marriage and the Family, 42, (1), 105-109.

Steinman, L.A. (1979). Reactivated conflicts with aging parents (Conflitos reactivados com pais idosos). Em Regan, P.K. (Ed.) Aging Parents (pp. 126-143). Los Angeles, CA: University of Southern California Press.

Stewart, A.J. & Winter, D.G. (1974). Self and social definition in women. Journal of Personality, 42 238-259.

Stueve, A., & O'Donnell, L. (1989). Interacções entre as mulheres e os seus pais idosos: Constraints of daughters employment. Research on Aging, 11 331-354.

Sugihara, Y., & Katsurada, E. (2005). Psychosocial Measures for Asian Americans: Tools for Practice and Research. Obtido em 12 de março de 2006 em www.columbia.edu/cu/ssw/proj ects/pmap

Suitor, J.J., Pillemer, K., Keeton, S., & Robinson, J. (1995). Pais idosos e filhos idosos: Determinantes da qualidade da relação. Em Blieszner, R., & Bedford, V.H. (Eds), Handbook of Aging and the Family (pp. 223-242). Westport, CT: Greenwood Press.

Thompson, C. (1942). Cultural pressures in the psychology of women (Pressões culturais na psicologia das mulheres). Psychiatry

Thompson, C. Sobre as mulheres. (1971). Green, M.R. (Ed.). New York: Mentor.

Thompson, L. & Walker, A.J. (1984). Mothers and daughters: Aid patterns and attachment. Journal of Marriage and the Family, 46 313-322.

Travis, C.B. & Seipp, P.H. (1976). An examination of instrumental conditioning, secondary reinforcement, and status invy hypotheses in relation to sex role ideology [Um exame do condicionamento instrumental, reforço secundário e hipóteses de inveja de status em relação à ideologia do papel sexual]. Manuscrito não publicado, Universidade do Tennessee, Knoxville.

Troll, L.E. (1987). Mother-daughter relationships through the lifespan. Applied Social Psychology Annual, 7, 284-305.

Turner, R.H. (1962). Role taking process versus conformity. Em Rose, A. (Ed.). Human Behavior and Social Processes: An Interactionist Approach. Boston: Houghton Mifflin.

Turk, J.L., & Bell, N.W. (1972). Measuring power in families. Journal of Marriage and the Family, 34 215-222.

Vanfossen, B.E. (1977). Sexual stratification and sex-role socialization (Estratificação sexual e socialização do papel sexual). Journal of Marriage and the Family, 39 563-574.

Van Mens-Verhulst, J. (1995). Reinventing the mother-daughter relationship (Reinventar a relação mãe-filha). American Journal of Psychotherapy 49, (4), 526-540.

Walker, A.J. & Thompson, L. (1983). Intimacy and intergenerational aid and contact among mothers and daughters. Journal of Marriage and the Family, 45 841-849.

Walters, M. (1988). Mães e filhas. Em Walters, M., Carter, B., Papp, P. & Silverstein, O. (Eds), The invisible web (pp.35-51). New York: Guilford.

Weishaus, S.S. (1978). Determinantes do afeto das mulheres de meia-idade em relação às suas mães idosas. Dissertação de doutoramento não publicada. Universidade do Sul da Califórnia.

Welsh, W.M. & Stewart, A. J. (1995). Relationships between women and their parents: Implications for mid-life well-being. Psychology and Aging, 10 (2), 181-190.

Wethington, E. & Kessler, R.C. (1989). Employment, parental responsibility, and psychological distress: Um estudo longitudinal de mulheres casadas. Journal of Family Issues, 10, (4), 527-546.

Whitbeck, L.B., Simons, R.L., & Conger, R.S. (1991). The effects of early family relationships on contemporary relationships and assistance patterns between adult children and their parents. Journal of Gerontology: Social Science, 49 330-337.

Whitbeck, L.B., Hoyt, D.R., & Huck, S.M. (1994). Early family relationships, intergenerational solidarity, and support provided to parents by their adult children. Journal of Gerontology: Social Science, 49 85-94.

Werner, P.D., & Green, R.J. (2006). Inventário da Califórnia para a Família

Avaliação. Universidade Internacional Alliant, São Francisco

Wodak, R. & Schulz, M. (1986). A linguagem do amor e da culpa: Motherdaughter relationships from a cross-cultural perspective. Amesterdão: John Benjamin Publishing Co.

APÊNDICES

Appendix A:

Informed Consent Form

You are being asked to participate in a research study to evaluate the effects on self-esteem and gender roles in daughters who have grown up with enmeshed mothers. This study will examine in depth mother-daughter interactions and relationships. There are no known risks associated with participating in this study. If you have questions about this research, please contact Steven E. Hendrix at 910-296-1870 or e-mail stevehendrix@msn.com.

A part of the study includes a set of questionnaires (to be filled out with pencil & paper and will take approximately one hour to complete) intended to gauge various aspects of the mother-daughter dynamic. While all participants are required to complete these questionnaires as a condition of participation, you may choose to not answer specific questions or to not participate in the study. If you do not wish to participate in the study, simply inform the contact listed above. There is no penalty for non-participation and your participation in future activities will not be affected in any way.

There is also a requirement for post-questionnaire interviews either in person or by telephone (which will take approximately one-half hour to conduct) to gather structured responses on mother-daughter dynamics and relationship qualities. In the event that interviews are recorded, you will be informed before the interview begins and give you the option of deciding not to have the interview recorded. All recordings will be confidential, meaning that transcribers will not know whom the speaker is. All recordings will be destroyed after transcription. You may decline to participate. There is no penalty for non-participation and your participation in future activities will not be affected in any way.

Your participation in this research is **CONFIDENTIAL**. Results are recorded separately from participant names and are not associate with the data or used in reports of data. Only the contact above has access to your identity and to the information that can be associated with your identity. Northcentral University and the Institutional Review Board may review records related to this project. In the event of presentation or publication of this research, no personally identifying information will be disclosed. All data from this study will be maintained in a secure locked environment.

It is important for you to know that your participation is VOLUNTARY.
There is no penalty for non-participation and your participation in future activities will not be affected in any way.

I agree to participate in an investigation of the effects of enmeshment on mother-daughter participants. This investigation will examine whether levels of enmeshment will have an effect on self-esteem or gender roles. This research is an authorized part of the education and research program at Northcentral University.

I understand the information given to me, and I have received answers to any questions I may have had about the research procedure. I understand and agree to the conditions of this study as described.

I understand that my participation in this research is voluntary, and I may withdraw from this study at any time by notifying Steven E. Hendrix.

Participant Printed Name: _______________________________

Participant Signature: ____Date___________

Mother Daughter Structured Questionnaire

To begin with, I would like to ask you some questions about the Relationship you have with your mother right now. Please answer all Questions and choose the answer that applies best to you. Keep in Mind your CURRENT relationship with your mother.

For questions 1 through 5, circle the best answer.
1. I have lived with my mother:
2. Less than 15 years
3. Up to 25 years
4. More than 25 years

2. To visit my mother, I have to travel:
1. 3 miles or less
2. 30 miles or less but more than 3 miles
3. 200 miles or less but more than 30 miles
4. 800 miles or less but more than 200 miles
5. 3,000 miles or less but more than 800 miles
6. More than 3,000 miles

3. I see my mother:
1. Almost every day
2. About once a week
3. About once a month
4. About once every few months
5. Once or twice a year
6. Less than once a year
7. Never

4. I communicate (call, write/receive letters) with my mother at least:
1. Daily
2. Weekly
3. Monthly
4. Less than monthly
5. Never

5. If cost were not an issue, I would communicate (call/write) with my mother:
1. About the same as now
2. A little more
3. Much more

For questions 6 through 22, refer to the scale below and choose
the answer that describes you best.
1 = Very false
2 = Somewhat false
3 = Maybe
4 = Somewhat true
5 = Very true

6. I can share my intimate secrets with my mother. _______

7. My mother can share her intimate secrets with me. _______

8. I can share my personal feelings with my mother. _______

9. My mother can share her personal feelings with me. _______

10. I can share my opinions and values with my mother. _______

11. My mother can share her opinions and values with me. _______

12. If my mother ever needs anything, I help in whatever way I can
even if it means making huge sacrifices. _______

13. If I ever need any kind of help, I do not hesitate to ask my mother
for advice. _______

14. I often depend on my mother for advice. _______

15. My mother will always love me regardless of what I do. _______

16. My mother always knows best. _______

17. My mother always knows what is good for me. _______

18. I do what my mother suggests because it takes away the hassle of
having to figure it out for myself. _______

19. I always trust my mother's judgment. _______

20. I feel I can use my mother's wisdom as a resource when making
decisions. _______

21. Sometimes I will give in to my mother out of my respect for her. _________

22. I feel the need to consult my mother when making a hard decision. _______

For questions 23 through 25, choose the answer that describes
you best, and circle your response.

23. I consider my mother and I to be:
1. Not close at all
2. Not very close
3. Somewhat close
4. Close
5. Very close

24. Compared to other ordinary families of my culture that I have
known, my relationship with my mother is:
1. Less close than others
2. About the same as others
3. More close than others

25. My overall relationship with my mother is:
1. Very dissatisfying
2. Dissatisfying
3. Neither satisfying nor dissatisfying
4. Satisfying
5. Satisfying

26. "How do you express your womanhood/perceive your roles at work, in
home, in your family, in relationships etc.?

27. How is it different/similar than your mother's expression?

Rosenberg Self-Esteem Scale (RSES)

BELOW IS A LIST OF STATEMENTS DEALING WITH YOUR GENERAL FEELINGS ABOUT YOURSELF.

IF YOU **STRONGLY AGREE**, CIRCLE **SA**.
IF YOU **AGREE** WITH THE STATEMENT, CIRCLE **A**.
IF YOU **DISAGREE**, CIRCLE **D**.
IF YOU **STRONGLY** DISAGREE, CIRCLE **SD**.

YOU MUST BE 18 YEARS OF AGE OR OLDER TO FILL OUT
THE FOLLOWING QUESTIONNAIRE.

1. I feel that I'm a person of worth, at least on an equal plane with others.
SA
A
D
SD

2. I feel that I have a number of good qualities.
SA
A
D
SD

3. All in all, I am inclined to feel that I am a failure.
SA
A
D
SD

4. I am able to do things as well as most other people.
SA
A
D
SD
5. I feel I do not have much to be proud of.

SA
A
D
SD

6. I take a positive attitude toward myself.
SA
A
D
SD

7. On the whole, I am satisfied with myself.
SA
A
D
SD

8. I wish I could have more respect for myself.
SA
A
D
SD

9. I certainly feel useless at times.
SA
A
D
SD

10. At times I think I am no good at all.
SA
A
D
SD

Copyright © 1979 Princeton University Press

Appendix D

Bem Sex Role Inventory

Bem Inventory
Test Booklet (Short and Original)

by Sandra Lipsitz Bem

Distributed by MIND GARDEN

Copyright 1978 Consulting Psychologists Press, Inc. All rights reserved. This manual, or parts thereof, may not be reproduced in any form without written permission of the publisher.

It is your legal responsibility to compensate the copyright holder of this work for any reproduction in any medium. You have permission to use one copy. If you need more than one copy you may purchase the rights to reproduce this document for one year by contacting Mind Garden Services.

Sample

Directions

On the next page, you will find listed a number of personality characteristics. We would like you to use those characteristics to describe yourself, that is, we would like you to indicate, on a scale from 1 to 7, how true of you each of these characteristics is. Please do not leave any characteristic unmarked.

Example: sly

Write a **1** if it is *never or almost never true* that you are sly

Write a **2** if it is *usually not true* that you are sly

Write a **3** if it is *sometimes but infrequently true* that you are sly

Write a **4** if it is *occasionally true* that you are sly

Write a **5** if it is *often true* that you are sly

Write a **6** if it is *usually true* that you are sly

Write a **7** if it is *always or almost always true* that you are sly

Thus, if you feel it is *sometimes but infrequently true* that you are "sly," *never or almost never true* that you are "malicious," *always or almost always true* that you are "irresponsible," and *often true* that you are "carefree," then you would rate these characteristics as follows:

Sly	3		Irresponsible	7
Malicious	1		Carefree	5

Please provide the following information:

Name _______________________________

Date _______________________________   Gender Circle: M   F

Phone No. or Address _______________________________

If a student: School _______________________   Year in school _______________

If not a student: Occupation _______________________________

FOR ADMINISTRATION USE ONLY:

Copyright © 1978 Consulting Psychologists Press, Inc. All rights reserved.

1	2	3	4	5	6	7
Never or almost never true	Usually not true	Sometimes but infrequently true	Occasionally true	Often true	Usually true	Always or almost always true

#		#	
1.	Defend my own beliefs	31.	Self-reliant
2.	Affectionate	32.	Yielding
3.	Conscientious	33.	Helpful
4.	Independent	34.	Athletic
5.	Sympathetic	35.	Cheerful
6.	Moody	36.	Unsystematic
7.	Assertive	37.	Analytical
8.	Sensitive to needs of others	38.	Shy
9.	Reliable	39.	Inefficient
10.	Strong personality	40.	Make decisions easily
11.	Understanding	41.	Flatterable
12.	Jealous	42.	Theatrical
13.	Forceful	43.	Self-sufficient
14.	Compassionate	44.	Loyal
15.	Truthful	45.	Happy
16.	Have leadership abilities	46.	Individualistic
17.	Eager to soothe hurt feelings	47.	Soft-spoken
18.	Secretive	48.	Unpredictable
19.	Willing to take risks	49.	Masculine
20.	Warm	50.	Gullible
21.	Adaptable	51.	Solemn
22.	Dominant	52.	Competitive
23.	Tender	53.	Childlike
24.	Conceited	54.	Likable
25.	Willing to take a stand	55.	Ambitious
26.	Love children	56.	Do not use harsh language
27.	Tactful	57.	Sincere
28.	Aggressive	58.	Act as a leader
29.	Gentle	59.	Feminine
30.	Conventional	60.	Friendly

Copyright © 1978 Consulting Psychologists Press Inc. All rights reserved.   BSRI Test Booklet

Short Form

1	2	3	4	5	6	7
Never or almost never true	Usually not true	Sometimes but infrequently true	Occasionally true	Often true	Usually true	Always or almost always true

1 Defend my own beliefs	16	Have leadership abilities
2 Affectionate	17	Eager to soothe hurt feelings
3 Conscientious	18	Secretive
4 Independent	19	Willing to take risks
5 Sympathetic	20	Warm
6 Moody	21	Adaptable
7 Assertive	22	Dominant
8 Sensitive to needs of others	23	Tender
9 Reliable	24	Conceited
10 Strong personality	25	Willing to take a stand
11 Understanding	26	Love children
12 Jealous	27	Tactful
13 Forceful	28	Aggressive
14 Compassionate	29	Gentle
15 Truthful	30	Conventional

Copyright © 1978 Consulting Psychologists Press, Inc. All rights reserved. BSRI Test Booklet

Bem Inventory
Scoring Key (Short and Original)

Developed by Sandra Lipsitz Bem

Distributed by MIND GARDEN

info@mindgarden.com
www.mindgarden.com

Copyright © 1978 Consulting Psychologists Press, Inc. All rights reserved. This material may not be reproduced in any form without written permission of the publisher.

Copyright © 1978 Consulting Psychologists Press, Inc. All rights reserved.   BEMRS Scoring Key

Directions for Scoring the Original Form

For the **Masculinity Scale (b)** add up the respondents values of these 20 item numbers

1, 4, 7, 10, 13, 16, 19, 22, 25, 28, 31, 34, 37, 40, 43, 46, 49, 52, 55, 58

___ + ___ + ___ + ___ + ___ + ___ + ___ + ___ + ___ + ___ + ___ + ___ + ___ + ___ + ___ + ___ + ___ + ___ + ___ + ___ = ___ ÷ 20

___ = raw score

For the **Femininity Scale (a)** add up the respondents values of these 20 item numbers.

2, 5, 8, 11, 14, 17, 20, 23, 26, 29, 32, 35, 38, 41, 44, 47, 50, 53, 56, 59.

___ + ___ + ___ + ___ + ___ + ___ + ___ + ___ + ___ + ___ + ___ + ___ + ___ + ___ + ___ + ___ + ___ + ___ + ___ + ___ = ___ ÷ 20

___ = raw score

The **raw scores** are obtained by dividing by 20 to find the average values. There are 20 items for the Original Form, less any omissions. The other items are fillers and aren't included in scoring.

On the information page in the test booklet place these raw scores in the boxes marked "R.S." and "b" for the Masculinity scale and "R.S." and "a" for the Femininity scale.

To convert these raw scores into Standard Scores go to Table 1 in the manual under the section **I.b. Administration and Scoring**

For the box "S.S." and "a" put the Standard Score from the column marked **Femininity (a) Standard Score (Original)** in Table 1. For the box "S.S." and "b" put the Standard Score from the column marked **Masculinity (b) Standard Score (Original)**.

Then find the difference between these two standard scores by subtracting the **Masculinity score** from the **Femininity score (a - b)**. Go to Table 2 to convert the difference S.S. score to an Original Form T-Score

EXAMPLE: If for example, when using the **Original Form** of 60 items, the addition of all the **Femininity Scale (a)** responses is 68, then the **raw score** would be **3.40** (68 divided by 20). Then, in Table 1, the 3.40 would have a **Femininity (a) Standard Score - Original** of 26. Do the same for the **Masculinity Scale (b)** responses using the **Masculinity (b) Standard Score - Original** column. Then take the difference between the two standard scores, like 26 - 45 (from a raw score of 4.60 from the "b" total) and obtain a value of -19. Then look at Table 2 and find -19 under the column **Difference SS** and the **Original Form T-Score** is 37.

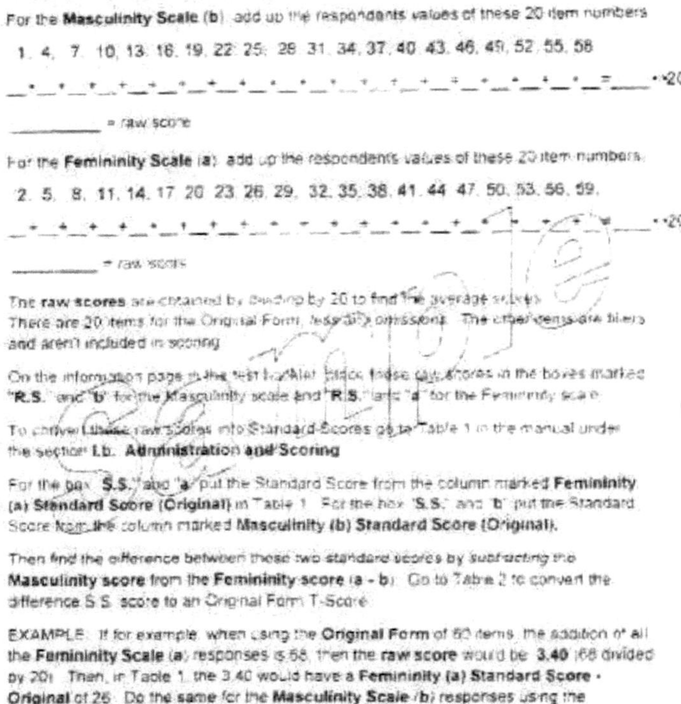

Copyright © 1978 Consulting Psychologists Press, Inc. All rights reserved. BEM Sex Scoring Key

Directions for Scoring the Short Form

For the **Masculinity Scale** (b), add up the respondents' values of these 10 item numbers:

1, 4, 7, 10, 13, 16, 19, 22, 25, 28.

__ + __ + __ + __ + __ + __ + __ + __ + __ + __ = ____ ÷ 10 __________ = raw score

For the **Femininity Scale** (a), add up the respondents' values of these 10 item numbers:

2, 5, 8, 11, 14, 17, 20, 23, 26, 29.

__ + __ + __ + __ + __ + __ + __ + __ + __ + __ = ____ ÷ 10 __________ = raw score

The **raw scores** are obtained by dividing by 10 to find the average scores. There are 10 items for the Short Form, less any omissions. The other items are fillers and aren't included in scoring.

On the information page in the test booklet, place these raw scores in the boxes marked "R.S." and "b" for the Masculinity scale and "R.S." and "a" for the Femininity scale.

To convert these raw scores into Standard Scores go to Table 1 in the manual under the section I.b. **Administration and Scoring**.

For the box "S.S." and "a" put the Standard Score from the column marked **Femininity (a) Standard Score (Short)** in Table 1. For the box "S.S." and "b" put the Standard Score from the column marked **Masculinity (b) Standard Score (Short)**.

Then find the difference between these two standard scores by subtracting the **Masculinity score** from the **Femininity score** (a - b). Go to Table 2 to convert the difference S.S. score to a **Short Form** T-Score.

EXAMPLE: If for example, when using the **Short Form** of 30 items, the addition of all the **Femininity Scale** (a) responses is 34, then the **raw score** would be 3.40 (34 divided by 10). Then, in Table 1, the 3.40 would have a **Femininity (a) Standard Score - Short** of 25. Do the same for the **Masculinity Scale** (b) responses using the **Masculinity (b) Standard Score - Short** column. Then take the difference between the two standard scores, like 25 - 47 (from a raw score of 4.60 from the "b" total) and obtain a value of **-18**. Then look at Table 2 and find -18 under the column **Difference SS** and the **Short Form T-Score** is **36**.

Copyright © 1974 Consulting Psychologists Press, Inc. All rights reserved.   BEM SRI Scoring Key

"

California Instrument for Family Assessment

CIFA	*California Inventory for Family Assessment*	Receives from female **RF-182** Question booklet for 182-item form

Question Booklet

Instructions:

This question booklet contains a series of statements about how a female family member or other important female person in your life acts or feels toward you. The person about whom you should answer is named on the separate answer sheet.

Use the answer sheet for your responses to the questions in this booklet. Before you begin answering the questions, please read and follow the instructions on the front and back of the answer sheet.

Copyright (c) 1989, 1992, 1996 by
Paul D. Werner and Robert-Jay Green
NOT TO BE REPRODUCED IN WHOLE OR IN PART WITHOUT THE WRITTEN PERMISSION OF THE AUTHORS
THE CIFA IS AVAILABLE FROM
PAUL D. WERNER & ROBERT-JAY GREEN, ONE BEACH ST., SUITE 100, SAN FRANCISCO, CA 94133

1 = Very false   2 = Somewhat false   3 = Somewhat true   4 = Very true

1. This person likes it when the two of us spend time talking

2. She shows me her deeper feelings

3. She often assumes she knows what's on my mind, without asking me

4. She generally tiptoes around our differences so that we don't have to confront them directly

5. It makes her nervous to go out and do things without me

6. When there is a conflict between us, she usually gets her way

7. Her feelings toward me go up and down from day to day

8. She is able to be objective when I am upset about something

9. She wants less physical closeness between us than I do

10. Her anger toward me seems to be easily triggered

11. She has positive feelings about me

12. She is afraid that other people will take me away from her

13. She gives me emotional comfort when I am going through a hard time

14. She wants to spend a lot of time with me

15. She tells me what she thinks about our relationship

16. Her assumptions about similarities in our likes and dislikes are usually correct

17. She would rather talk over our disagreements when they come up, rather than put them on the back burner

18. She feels it's a good idea for us to be independent of one another

19. When we disagree, I usually give in to her wishes

20. Her feelings toward me are pretty consistent from day to day

21. If I feel depressed, she doesn't get depressed too.

22. She rarely hugs me

23. She tends to blame me when things go wrong between us

24. She shows much kindness to me

25. She is afraid I will reject her if I get close to other people

26. When I feel disappointed, she doesn't try very hard to help me feel better

27. She would be just as glad if I were not around

28. She hides her actions from me

29. Often I have to tell her that she is wrong in her view of my feelings

30. When differences come up between us, she does not shy away from dealing with them

31. She is understanding when I want to spend time on my own

32. In our relationship, her views carry more weight than mine

33. Her behavior toward me is often quite unpredictable

34. My moods have a strong impact on her moods

35. She often reaches out to hold my hand even when we are around other people

36. She seldom blows up at me

37. She is loving toward me

38. She supports my being close to other people.

39. She doesn't take my fears very seriously

40. She spends little time with me.

41. She is straightforward with me about her plans

42. She frequently assumes she knows what I need, without having to ask me

43. When there is tension between the two of us, she doesn't pretend that everything is harmonious

44. It's fine with her if we do things separately

45. When we have a difference of opinion, her ideas usually win out over mine

46. One thing that's constant in my life is how she feels about me.

47. She sometimes reacts more strongly to things that happen to me than I do

48. She frequently tries to cuddle with me.

49. She rarely acts annoyed with me

50. She is warm toward me

51. She feels she has to compete with other people for my love

52. My worries don't matter a lot to her

53. I rarely get her undivided attention

54. She says to me whatever is on her mind

55. She and I are not as similar as she thinks we are

56. She rarely denies our differences

57. It doesn't bother her if we spend time apart

58. She has more power than I do in our relationship

59. In general, I am able to predict how she will act toward me.

60. When bad things happen to me, her emotional reactions are not excessive

61. She often looks at my body

62. She rarely uses harsh words with me

63. She acts lukewarm toward me

64. She is jealous and possessive with me

65. She usually doesn't go out of her way to help me

66. She likes to do activities with me

67. She rarely confides in me

68. Gifts she buys me are usually more what she wants than what I want

69. She will do almost anything to keep peace between us

1 = Very false   2 = Somewhat false   3 Somewhat true   4 = Very true

33. Her behavior toward me is often quite unpredictable

34. My moods have a strong impact on her moods

35. She often reaches out to hold my hand even when we are around other people.

36. She seldom blows up at me

37. She is loving toward me

38. She supports my being close to other people.

39. She doesn't take my fears very seriously

40. She spends little time with me.

41. She is straightforward with me about her plans

42. She frequently assumes she knows what I need, without having to ask me

43. When there is tension between the two of us, she doesn't pretend that everything is harmonious

44. It's fine with her if we do things separately

45. When we have a difference of opinion, her ideas usually win out over mine

46. One thing that's constant in my life is how she feels about me.

47. She sometimes reacts more strongly to things that happen to me than I do

48. She frequently tries to cuddle with me.

49. She rarely acts annoyed with me

50. She is warm toward me

51. She feels she has to compete with other people for my love

52. My worries don't matter a lot to her

53. I rarely get her undivided attention

54. She says to me whatever is on her mind

55. She and I are not as similar as she thinks we are

56. She rarely denies our differences

57. It doesn't bother her if we spend time apart

58. She has more power than I do in our relationship

59. In general, I am able to predict how she will act toward me.

60. When bad things happen to me, her emotional reactions are not excessive

61. She often looks at my body

62. She rarely uses harsh words with me.

63. She acts lukewarm toward me

64. She is jealous and possessive with me

65. She usually doesn't go out of her way to help me

66. She likes to do activities with me

67. She rarely confides in me

68. Gifts she buys me are usually more what she wants than what I want

69. She will do almost anything to keep peace between us

70. She pressures me to spend time with her

71. She usually has final say over what I am permitted to do

72. Her actions sometimes leave me confused about her real feelings toward me

73. When I'm afraid of something, she doesn't blow it out of proportion

74. She likes to kiss me every day

75. She often acts in a disapproving way toward me

76. She accepts me as I am

77. She feels secure about my love even if I am close to other people

78. She often gives me help with my personal problems

79. If she were to take a long trip, I doubt that she would keep in touch with me

80. She avoids talking with me about things that have happened to her

81. She does not think that she knows me better than I know myself

82. She doesn't pretend to agree with me just for the sake of avoiding a disagreement

83. She would feel OK about taking a trip without me

84. She generally decides how things will be done in our relationship

85. I never know how she will be feeling toward me.

86. When something upsetting happens to me, she has a tendency to overreact

87. She prefers that we sleep in separate rooms

88. I can count on her not to be mean to me

89. On many occasions she acts coldly toward me

90. She does not view my relationships with other people as threatening our relationship

91. She doesn't give me much comfort when I am hurt

92. She puts a high priority on spending time with me

93. She keeps things secret from me that I ought to know about

94. She often assumes that I'm feeling the same thing she is feeling

95. She tends to avoid an issue if our talking about it might cause tension between us

96. When we are not together, I'm constantly on her mind.

97. I usually do what she thinks I should do

98. Her behavior toward me is very inconsistent — one minute loving, the next minute rejecting

99. She doesn't take on my problems as her own

100. She tries to make me feel good physically

101. When there is tension between us, she says things that hurt me

102. She acts in a caring way toward me

103. Knowing that I'm spending time with another person doesn't make her jealous

104. She takes good care of me whenever I am ill

105. She gives me a lot of attention

106. She lets me know about upsetting things that have happened to her

107. She realizes that I know better than she does why I do things

108. She is willing to discuss our different preferences

109. She has no trouble in doing things without me

110. She is generally the leader in our relationship

111. She often does not follow through on what she says to me

112. When I'm feeling happy, she gets happy too

113. Holding hands with me in public would make her uncomfortable

114. She often criticizes things I say or do

115. She rarely smiles at me

116. When we are in a group, she often feels that I am neglecting her

117. When I feel bad, she often doesn't take the time to listen

118. She enjoys spending time alone with me

119. She usually keeps feelings to herself rather than express them to me

120. She seldom jumps to conclusions about my feelings before hearing what I have to say

121. She would rather face our conflicts than sweep them under the rug

122. She respects it when I need privacy

123. She is more in charge of our relationship than I am

124. The level of her caring for me stays about the same from week to week

125. She is able to stay calm and level-headed when I am in a bad mood

126. She avoids touching me

127. She sometimes throws things at me, pushes, or hits me

128. She does not genuinely love me

129. If I'm close with other people, that's OK with her

130. Often she avoids helping me

131. She talks a lot with me

132. She holds back from telling me what's on her mind

133. She trusts me to know what is best for me

134. She prefers to look for a way out of our conversation rather than disagree

135. She worries about me for no reason when we are not together

1 = Very false   2 = Somewhat false   3 Somewhat true   4 = Very true

136 I typically follow the rules she sets for me

137 Her reactions to me stay pretty much the same from one time to the next

138 When I am worried about something, she tends to get even more worried than I am about it

139 Being physically affectionate with me is not very important for her

140 She tends to put me down when I see things differently

141 She does not show a lot of warmth toward me

142 She doesn't mind when I spend time with other people rather than with her

143 She gives me support when I am sad

144 She avoids being with me

145 There is a lot on her mind that isn't shared with me

146 She seldom concludes, before asking, that she knows exactly what's on my mind

147 She usually shies away from bringing out our differences of opinion

148 She becomes upset when I want privacy

149 She is generally the boss in our relationship

150 I cannot count on her to treat me the same way from week to week

151 When I am sad about something, she gets even sadder than I am

152 She hardly ever caresses me

153 I can trust her not to say hurtful things to me

154 She doesn't show a great deal of kindness to me

155 Seeing me having fun with another person doesn't make her uncomfortable

156 She encourages me to turn to her for help and support

157 She puts a low priority on spending time with me

158 She is direct in saying what she wants from me

159 She often thinks she knows better than I do the real reasons why I am doing something

160 She often pretends to agree with me

161 She feels left out when I do things without her

162 We more often do what she wants than what I want

163 Her expectations of me don't change much over time

164 If something happens to me, she tends to react as if it is happening to her too

165 When I'm tense, she offers to rub my neck and shoulders

166 She seldom raises her voice to me in an angry way

167 She is friendly to me

168 If other people are around, she is afraid I will like them better

1 = Very false   2 = Somewhat false   3 Somewhat true   4 = very true

169. She offers me emotional support in times
of trouble.

170. She would probably be very uncomfortable
if we spent a lot of time together.

171. She is honest with me about her feelings.

172. She doesn't put words in my mouth.

173. If possible, she avoids discussing our
disagreements directly.

174. Her feelings get hurt when I want to spend
time by myself.

175. She makes most of the important decisions
for me.

176. I can count on how she will treat me from
one time to the next.

177. My worrying about something doesn't lead
her to overly worry about it.

178. Being physically close with me is important
to her.

179. She has never physically hit me.

180. Her feelings toward me are not very
positive.

181. She gets upset at those times when I am
closer to others than to her.

182. She listens to me when I have something
troubling on my mind.

Appendix F:

Permission Statement Rosenberg Self-Esteem Scale

The permission statement was copied from the University Of Maryland's
Sociology Department web site:
http://www.bsos.umd.edu/socy/grad/socpsy_rosenberg.html

*"The Rosenberg SES may be used without explicit permission.
The author's family, however, would like to be kept informed of its use.
Send information about how you have used the scale, or send published
research resulting from its use, to the address below:"*

The Morris Rosenberg Foundation c/o Dept. Of Sociology
University of Maryland
2112 Art/Soc Building
College Park, MD 20742-1315

Permission California Instrument for Family Assessment

**Application for Research Use of the California Inventory for Family Assessment,
and User Qualification Form (rev. 3/00)**

Part 1 *User name and contact information*

CIFA Project #133
approved.
Paul Werner

Steven F. Hendrix MA LPC

Name and title

James Sprunt Community College

Organization

P O Box 398

Mailing address

Kenansville NC 28349

City, state, and zip code

910-296-1876 sexuality@jscc.sa.nc.us

Telephone e-mail address

Part 2 *Description of proposed use of the CIFA*

Title or subject of your intended study:

The Effects on Self Esteem and Self Image in Daughters with Over-Enmeshed and
Dominant Mothers

Please describe your proposed study below in a few sentences, including the role of the
CIFA.

This study is for my Ph.D. Dissertation at Northcentral University where I am attempting
to determine effect on the daughters esteem and their image as a woman when their
relationships with their mothers have been problematic, specifically in over-enmeshed
domineering mothering. The CIFA will be used to quantify the level of enmeshment and

contribute to the overall picture of family functioning. It will be utilized along with the
Rosenberg Self Scale and a Mother-Daughter Questionnaire, Parental Favoritism
Questionnaire and Self-Sibling Questionnaire.

Participant population (please describe briefly below)

The participant population will be young women who have attained the age of eighteen
and are living in at least a partial independent lifestyle, recruited from the local
population by advertising my study.

Names of CIFA question booklets and answer sheets requested and approximate number
of participants who will complete each CIFA version.

Receives From Female, Receives Generic, Receives Generic Past. Approximately 150
participants will complete the three forms.

Part 3: *User's qualifications*

User's educational background

Highest degree and institution / Field of study / Year of graduation

University of North Carolina at Pembroke Master of Arts in Counseling 2004

If you are currently a student:
Current institution / Field of Study/ Expected graduation date

Northcentral University Doctor of Philosophy in Psychology Specialization in Behavioral
Medicine June 2007

Please indicate which of the following courses you have had at the graduate (G) and/or
undergraduate (U) level.

Level Course
G U Tests and measurements
G U Research methods and statistics
G U Personality/family/clinical assessment
G U Other assessment
G U Courses specific to your research topic

Licenses certificates credentials

Type of license/certificate/credential // License number / State / Year

Licensed Professional Counselor Application Pending with NC LPC Board for March
Board Meeting

Relevant supervised assessment experience (list below)
Dates / Organization / Position / Relevant testing experience

2004-2006 Alice Sisson Counseling Center Assessments for Anger Management, Sex
Offender Treatment utilizing the Beck Depression Inventory Basis 32 and various other

assessments as necessary.

Relevant professional organizations of which you are a member (list below)

American Psychological Association, American Counseling Association North Carolina
Community College Faculty Association

Part 4 *If you are currently a student, please answer the following questions*

Dr. Roy Sumpter Dissertation Chair

Supervisor's name and academic title

2176 Mauney Cove Road

Supervisor's mailing address

Waynesville, NC 28786

City, state, and zip code

(828) 456-5817 rsumper@ncu.edu

Supervisor's telephone / Supervisor's e-mail address

*NOTE: Students may receive CIFA testing materials only if their request is
accompanied by a letter from their faculty advisor, indicating the advisor's agreement
to supervise use of the CIFA, as well as a separate user qualification form filled out
and signed by the faculty advisor.*

Part 5. *Affirmation and signature*

a. I affirm that the above information is complete and accurate, and that the California Inventory for Family Assessment (CIFA) will be used in keeping with ethical and professional standards for use of tests, as articulated in the Standards for Educational and Psychological Testing, most recent edition.

b. I agree to abide by the copyright of the CIFA. I will not reproduce CIFA question booklets and answer sheets beyond the authorized copying required to test the number of respondents specified above. I agree that I am expressly prohibited from the following, unless additional written approval is granted by the authors of the CIFA: reproduction of items in research reports (including dissertations), and distribution of CIFA test materials, including booklets and scoring materials, by any means to other parties. I also agree not to use the CIFA materials for any for-profit purpose.

c. I agree to safeguard the CIFA from unsuitable or inappropriate use. To safeguard the security of the CIFA, I agree to store CIFA test materials, including test booklets and scoring materials, in secure (that is, locked) storage facilities accessible only to authorized personnel.

SH   If this space is initialed by the researcher, I agree to donate a copy of raw research materials, with identifying information removed, as well as ASCII computer files (and documentation) and SPSS system files (or equivalent) on my research measures, to the CIFA archive directed by the authors of the CIFA.

Researcher's signature / Date

Please mail your completed form to
Paul D. Werner, Ph.D. or Robert-Jay Green, Ph.D.
Alliant International University-- SF Campus
One Beach Street, Suite 100
San Francisco, CA 94133

Return to the CIFA Manual Table of Contents

Return to the California Inventory for Family Assessment home page

Contact information for the authors of the California Inventory for Family Assessment

Appendix H:

Permission Statement BEM Sex Role Inventory

The researcher purchased the BEM Sex Role Inventory from Mind Garden, an internet site, for a fee of $200.00 (prepackaged pack of 200) Sandra Bem/Mind Garden owns the copyright to this assessment tool and gave express permission for the purchaser to use the Bem Sex Role Inventory for non-commercial, educational and research purposes.

Appendix I:

Participant Recruitment Flyer

PARTICIPANTS NEEDED FOR

RESEARCH IN MOTHER/DAUGHTER RELATIONSHIPS

We are looking for volunteers to take part in a study of
Mother/Daughter Relationships.
Your participation would involve two sessions,
each of which is approximately 45 minutes.
In appreciation for your time, you will receive
a small stipend in appreciation of your participation
For more information about this study, or to volunteer for this study,
please contact
Steve Hendrix
Psychology Department James Sprunt Community College
at
910-296-1870 or
Email: shendrix@jamessprunt.edu
**This study has been reviewed by, and received ethics clearance
through, the Institutional Review Board, Northcentral University.**

Appendix J

Open Ended Questionnaire

In your own words, describe your relationship with your mother and how it

made you feel. Please elaborate on who you think formed your gender role.

Please use as much detail as possible.

yes
I want morebooks!

Buy your books fast and straightforward online - at one of world's fastest growing online book stores! Environmentally sound due to Print-on-Demand technologies.

Buy your books online at
www.morebooks.shop

Compre os seus livros mais rápido e diretamente na internet, em uma das livrarias on-line com o maior crescimento no mundo! Produção que protege o meio ambiente através das tecnologias de impressão sob demanda.

Compre os seus livros on-line em
www.morebooks.shop

info@omniscriptum.com
www.omniscriptum.com

Printed by Books on Demand GmbH, Norderstedt / Germany